ぶきっちょさんも完成できる！

いちばんやさしい 「推しぬい」 つくりかたBOOK

基本から失敗フォローまでわかる ♥

監修
ぴよぴっこ

メイツ出版

道具や材料を準備しよう!

「推しぬい」づくりで
裁縫道具はマストアイテム!
まずは必要な道具や選びかたを
確認して、そろえてみてね。
100円ショップでも売ってるよ!

裁縫の練習をしてみよう!

推しぬいづくりで使う
基本の縫いかたや刺繍のしかたを
確認して、練習してみよう。
型紙の使いかたや生地の切りかたも
マスターしよう!

STEP **3**

「推しぬい」を
つくってみよう!

いよいよ
推しぬいづくりにチャレンジ!
デザインを考えたら、そろえた道具や
身につけたスキルを活かして
推しぬいをつくってね

STEP **4**

「ぬい服」を
つくってみよう!

推しぬいが完成したら、
シンプルな「ぬい服づくり」にも
挑戦してみてね。
かんたんな「ぬい服」をつくって
推しにオシャレさせちゃおう!

Contents

はじめに

><

はじめまして、
ぬいぐるみ系YouTuberのぴよぴっこです。

「推しぬいをつくってみたいけどむずかしそう……」
「つくろうとしたけど挫折しちゃった……」「手芸なんて家庭科以来やってない……」
そんな推しぬいづくり初心者向けに
「いちばんやさしい」推しぬい本ができあがりました。
基本の玉どめや玉むすびから、
お顔の刺繍ステッチまでやさしく丁寧に解説しています。

そしてみんなが気になっている
「推しキャラをぬいぐるみのデザインに落とし込むポイント」も解説！
イラストや写真からどうやってぬいぐるみにしていくのか、
ぬいぐるみの構造を理解した上でデザインすることで、
推しに最適なつくりかたが発見できます。

シンプルなのにかわいい体型、
初心者でもかわいく満足感のある仕上がりになるボディシルエット、
100円ショップのぬい服が着せられるサイズ感にもこだわりました。

推しぬいづくりの最大のポイントは「丁寧につくること」。
手芸歴や手先の器用さ以上に、
工程ひとつひとつを丁寧に進めていくことで、
あなただけの素敵な推しぬいがきっと完成します。

愛情たっぷりの「推しぬい」で「推し活」を楽しみましょう！

ぴよぴっこ

道具や材料を準備しよう！

「推しぬいづくり」をはじめる前に
まずは道具をそろえてみよう！
1章では必要な道具や材料についてとことん解説！
100円ショップやインターネットでも
そろえられるよ。

推しぬいコスト比較

制作時間は
慣れやデザインに
よっても
変わるよ！

生地や綿などの材料は、100円ショップでも買うことができるよ。
手芸店で売っている材料を使ったときのちがい、
使う材料や刺繍のデザインによってかかる
時間のちがいをくらべてみよう！

コスト比較表

	材料				刺繍			
	肌生地	髪用生地	綿	制作費	目	口	胴体	制作時間
ぬいA	ソフトボア （ヌノトミー）	クリスタル ボア （グッズプロ）	つぶ綿 （100円ショップW）	約2000円	シンプル瞳 （ラインストーン）	ω口 （アウトライン ステッチ）	刺繍なし	7時間
ぬいB	ソフトボア （ぬいぐるみの 生地やさん）	5mmボア （Little Closet）	手芸綿 （手芸店）	約2000円	グラデーショ ン瞳	猫お口 （サテンステッチ＆ アウトラインステッチ）	ハート	8時間
ぬいC	ソフトボア （100円ショップS）	ボアクロス （100円ショップD）	手芸綿 （手芸店）	約1200円	シンプル瞳 （ハイライトなし）	ニカッとお口 （サテンステッチ＆ アウトラインステッチ＆ ストレートステッチ）	刺繍なし	7時間
ぬいD	カラークロス （100円ショップS）	ボアクロス （100円ショップD）	つぶ綿 （100円ショップW）	約1200円	シンプル瞳 （ハイライトあり）	無表情お口 （ストレートステッチ）	肉球×2	7時間
ぬいE	ぬいクロス ボア （KIYOHARA）	3cmファー （Little Closet）	つぶ綿 （100円ショップW）	約1900円	シンプル瞳 （ハイライトあり）	にっこり口 （アウトライン ステッチ）	刺繍なし	6時間
ぬいF	ソフトボア （ぬいぐるみの 生地やさん）	エコファーの カットクロス （100円ショップD）	手芸綿 （手芸店）	約1300円	フチあり瞳	まんまるお口 （サテンステッチ）	刺繍なし	8時間

※掲載アイテムはあくまでも一例です。店舗や時期により取り扱いのない可能性もございます。これらのアイテムについてのお問い合わせはご遠慮ください

ぬいA

目のハイライトをライン
ストーンで表現して、刺
繍のデザインをシンプル
にしたぬいぐるみです。
複雑な髪型を表現する
ため毛足の短いソフト
ボアを使用しています。

ぬいB

すべて手芸店の材料で
つくったので、髪や刺繍
をイメージ通りの色で表
現できました。グラデー
ションの瞳なので、ほ
かより刺繍に時間がか
かっています。

ぬいC

すべて100円ショップ
の材料でつくったぬい
ぐるみです。髪のツン
ツンした感じははさみこ
み髪、前髪全体を貼り
付けパーツでつくること
で、立体的な髪型を表
現しています。

ぬいD

すべて100円ショップ
の材料でつくったぬい
ぐるみです。肌に使用
したカラークロス（ナイ
レックス）は伸縮性がほ
ぼなく、初心者でも刺
繍がしやすい生地です。

ぬいE

毛足の長いファー生地
を使うことで、よりリアル
な髪が再現可能に。く
しで毛流れを整えたり、
ドール用のヘアピンを
つけたりしてアレンジを
楽しむことができます。

ぬいF

ハネた毛が特徴的な「ぬ
いF」は髪だけ100円
ショップのエコファーを
使っています。また、フ
チあり瞳の刺繍の分、少
し刺繍にかかった時間
が長いです。

推しぬいづくりで使うアイテム

ここでは必要なアイテムや選びかたを紹介していくよ！
100円ショップでそろえることができるから、
「とりあえず試してみたい！」という人でも安心。
ぴよぴっこ愛用アイテムも紹介しちゃうよ♪

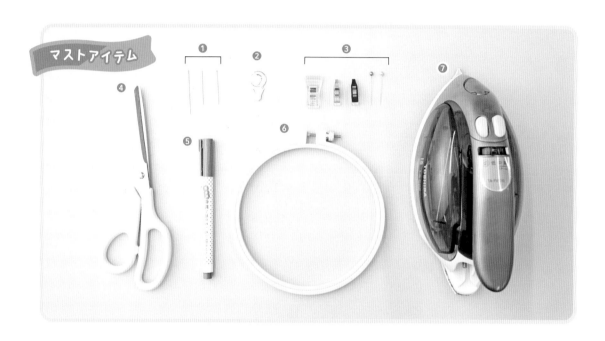

マストアイテム

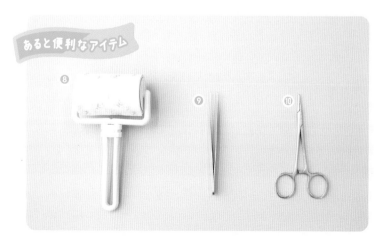

あると便利なアイテム

❶ 針（→ 11 ページ）

❷ 糸通し（→ 12 ページ）

❸ まち針・仮止めクリップ
（→ 13 ページ）

❹ 手芸用はさみ（→ 13 ページ）

❺ チャコペン（→ 14 ページ）

❻ 刺繍枠（→ 15 ページ）

❼ アイロン（→ 16 ページ）

❽ 粘着クリーナー（→ 16 ページ）

❾ ピンセット（→ 16 ページ）

❿ 鉗子（→ 16 ページ）

マストアイテム

❶ 針

針穴に糸を通して、
生地を縫い合わせるときに使うアイテムです。

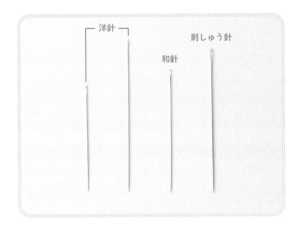

洋針
刺しゅう針
和針

針のサイズ

手縫い針はかためで曲がりにくい和針と、やわらかくしなる洋針（メリケン針）があります。

和針：「三ノ五」「四ノ三」などがあり、前の数字が大きいほど細く、うしろの数字が大きいほど長い。

洋針：「長針」と「短針」がある。サイズは1号〜12号まであり、数字が大きい方ほど細い。

基本的に、厚めの生地には長くて太い針、薄地の生地には短くて細い針を使います。迷ったら和針なら三ノ五や三ノ四、洋針なら6〜7号の長針の2つがあると便利です。

手縫い針と刺繍針

刺繍は一度に1〜6本の糸を使うので、たくさんの糸が通せるように針穴が長く大きいのが手縫い針とのちがいです。

刺繍針には針先が鋭い「フランス刺繍針」と、針先が丸い「クロスステッチ針」がありますが、推しぬいをつくるときは「フランス刺繍針」を使います。

手縫い針の洋針と同じように、サイズは号数（番表記の場合もあり）で表し、刺繍糸の本数によって使い分けます。たとえば、2〜3本取りをするときは6号や7号の針がオススメです。

 ぴよぴっこ愛用

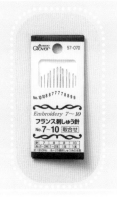

クロバー7〜10号刺繍針取合せセットを愛用しています。
手縫いをするときもこの刺繍針を使って縫っています！

失敗あるある

針に通すとき糸が裂けちゃった……！

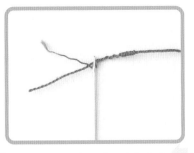

小さい針穴に糸を通すのは慣れている人でも至難の技。糸が裂けてしまうこともあります。裂けた糸を無理に通すと余計に裂けたり、強度が弱くなったりしてしまうので、無理に通さず、裂けた部分を切って通し直しましょう。

次のページで紹介している糸通しを使うと失敗しにくいよ！

② 糸通し

針に糸を通すときに使うアイテムです。
「スレダー」とも呼ばれています。

糸通しは、薄い金属板に細いピアノ線がついた形のハンディタイプが一般的です。繊細な消耗品なので2つ用意しておくと安心！

 ぴよぴっこ愛用

普段は100円ショップで買える糸通しを使っていますが、卓上に置いて使うデスクスレダーはあるととても便利なのでオススメです。

チャレンジ

針に糸を通してみよう！

ハンディタイプの糸通しはとても個性的な形をしていて、
見ただけでは使いかたが想像できない人も多いはず。
使えるととても便利なので、糸通しを使って針に糸を通してみましょう！

① 針穴に糸通しを通す

② 糸通しに糸を通す

③ 糸通しを糸ごと針穴から引き抜く

無理やり
引っ張ると
糸通しが
壊れちゃうから
やさしく
引き抜いてね

❸ まち針・仮止めクリップ

生地を縫うとき、生地がズレないように押さえておくためのアイテムです。

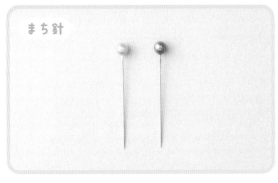

まち針と仮どめクリップはどちらも用意しておいて、使い分けると便利です。

まち針は、縫うときにケガをしないように注意が必要ですが、仮止めクリップのデメリットを補ってくれます。

仮止めクリップは安全でつけ外しがしやすいうえ生地に穴をあけずに押さえることができますが、重みがあるため薄い生地のときは使いにくく、生地の端しかとめられないというデメリットもあります。

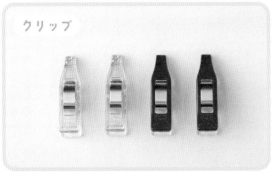

この本では
まち針とクリップ
どちらも
使ってるよ

❹ 手芸用はさみ

生地や糸を切るために使うアイテムです。
「裁ちはさみ」とも呼ばれています。

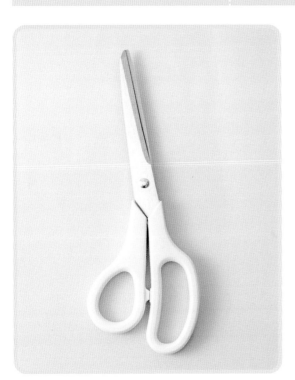

手芸用はさみはふつうのはさみよりも刃が薄くて鋭いので、きれいに生地を切ることができます。
布を切るための「裁ちはさみ」や、糸を切るための小ぶりな「糸切りはさみ」もありますが、はじめのうちは100円ショップでも売っている、布と糸どちらも切れる手芸用のはさみがひとつあれば十分です。
1000〜5000円と少し値が張りますが、慣れてきたら自分の手にあった使いやすいサイズや形のはさみを選ぶと、作業がスムーズになります。

手芸用はさみで
紙を切ると切れ味が
わるくなっちゃうから
気をつけてね!

❺ チャコペン   生地に型紙や図案を写すときに使うペンです。

暗い色の生地には
白いチャコペンが
オススメ！

チャコペンはペンタイプやシートタイプなどがありますが、
伸びる生地を使うことも多いので、なめらかに線が引ける
ボールペンやマーカータイプがオススメです。

 ぴよぴっこ愛用

フリクションファイン
ライナーを愛用してい
ます。アイロンで消え
るので便利です！

失敗あるある

チャコペンで書きまちがえちゃった！

「型紙を写していたらズレちゃっ
た！」「まちがったところを写し
てしまった！」ということはだれ
でもあります。
まちがった線が残っていると、縫
うときのミスにもつながってしま
うので、そのまま放置せず、消し
て書き直しましょう。

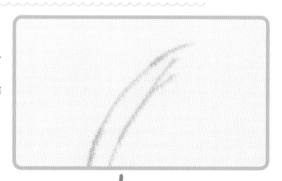

チャコペンが
消せるペンが
あるんだね！

中性洗剤で落ちる場合が多いですが、使っている
チャコペンの説明書きをよく読んで対処しましょう。
チャコペンによっては「消す用のペン」で上からなぞ
ると消えるタイプや、数日経つと自然と消えるタイ
プなどがあります。

❻ 刺繍枠

刺繍をするときに、
生地を張って刺繍しやすくするための枠です。

10 〜 15cmサイズのぬいぐるみをつくるときは、持ちやすくて枠内に図案が収まる15cm前後の刺繍枠がオススメです。刺繍枠を使わないと刺繍糸を引きすぎて布がよれてしまいます。

つくるぬいの
大きさに合わせて
刺繍枠のサイズを
選ぼう！

チャレンジ

刺繍枠に生地をセットしよう！

きれいに刺繍するために必要不可欠な刺繍枠は、
上枠と下枠と呼ばれる円型の 2 つのパーツでできています。
刺繍枠への生地のセットはかんたんなので、チャレンジしてみましょう！

生地は刺繍枠から
はみ出すくらい、
大きめに
切っておいてね

❶ 刺繍枠のネジを緩め、上枠と下枠をはずす

❷ 下枠に生地と刺繍シートをのせる

❸ 生地をはさみこむようにして上枠を重ねる

生地を引っ張りながら
ピンと伸ばそう！

❹ ネジをしめて枠を固定する

⑦ アイロン

熱で生地のシワをのばすアイテムです。生地に接着芯や接着シートをつけるときにも使います。

アイロンはとても熱くなるので
使うときはやけどに注意！
長くあてすぎると
生地が傷む原因にもなるよ

推しぬいづくりやぬい服づくりにはコンパクトなミニサイズのアイロンがオススメ。100円ショップには売っていませんが、ひとつ用意しておくとよいでしょう。

あると便利なアイテム

⑧ 粘着クリーナー

ボア生地などは小さな毛が舞いやすいので、粘着クリーナーがあると便利です。

⑨ ピンセット

刺繍シートをはがしたり、細かいパーツを扱うときに作業がしやすくなります。

⑩ 鉗子

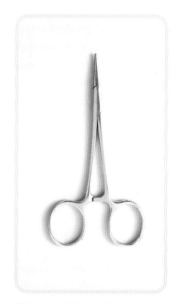

腕先やつま先などの細かい部分に綿を詰めたり、おもてに返したりするときの救世主！

推しぬいづくりで使う材料

推しぬいの「もと」となる材料選びは、
ぬいぐるみの出来に直結するとても大切な作業。
推しぬいがどんな材料で構成されているのか確認して、
必要な材料を準備してみよう！

❶ 生地 （→ 18 ページ）

❺ ラインストーン （→ 21 ページ）

❻ 手芸のり （→ 21 ページ）

❼ 接着芯 （→ 22 ページ）

❷ 手縫い糸 （→ 20 ページ）

❸ 刺繍糸 （→ 20 ページ）

❽ 刺繍シート （→ 23 ページ）

❹ 綿 （→ 21 ページ）

❾ 接着シート （→ 23 ページ）

👁 … 見える材料

😌 … 見えない材料

ぬいぐるみの大部分を構成する「肌」や「髪」になる、いちばん重要な材料です。

初心者に
オススメ！

ソフトボア

毛足の長さが1〜1.5mmくらいのなめらかな生地です。肌や髪にオススメ。

> **Point** ソフトボアの特徴
>
> - 毛の流れの向きがある
> - 端処理なしで使える
> - ふかふかでぬいぐるみ感がある
> - 毛が短いので刺繍が埋もれない
> - 100円ショップで買える

初心者に
オススメ！

ナイレックス（カラークロス）

薄くてほつれにい、触り心地もなめらかな生地。髪の裏貼りにオススメ。肌や髪に使っても◎。

> **Point** ナイレックスの特徴
>
> - 毛足が短くて縫いやすい
> - 端処理なしで使える
> - 薄いので重ねてもごわつきにくい
> - 100円ショップで買える

5mmボア

毛足の長さが5mmのボア生地。ふつうのソフトボアよりもふかふかで、髪の毛にオススメ。

> **Point** 5mmボアの特徴
>
> - 毛の流れの向きがある
> - 端処理なしで使える
> - ソフトボアよりもふかふかでなめらかな触り心地

フェイクファー

動物の毛皮のように毛足の長い生地。肌や裏貼りには向かないが、髪の毛に使える。ぬい作りに不向きなフェイクファーもあるので、あまり伸縮せず、ほつれにくいものを選ぶ。

Point フェイクファーの特徴 ……

- 毛の流れの向きがある
- 端処理なしで使える
- ふさふさしていて、
  髪の毛の質感を表現しやすい
- 毛足に束感がある

エコファー

毛足の長さが5mmくらいのファー生地。ボア生地とちがって毛足がまっすぐなので、ふさふさした手触り。髪の毛に使える。

Point エコファーの特徴 ……………

- 毛の流れの向きがある
- ほつれやすい
- ふさふさしていて、
  髪の毛の質感を表現しやすい
- 100円ショップで買える

ワンランクアップ

ほつれやすい生地は接着芯でほつれを防止しよう！

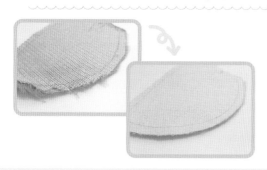

エコファーはほつれやすく、扱いがむずかしい生地です。しかし、色や質感が理想的でどうしても使いたい場合は、生地の裏側全体に接着芯を貼ってから型紙を写して生地を切ることで、ほつれを防止できます。手芸店には色付きの接着芯もあるので、髪色に似た接着芯を選ぶとより自然に表現できます。

② 手縫い糸

生地を縫い合わせるときに使う糸です。

完成すると縫い目は見えなくなりますが、生地に糸の色が移ったり、生地の隙間から少しだけのぞいたりすることがあります。生地と近い色の糸を選びましょう。

ぴよぴっこ愛用

手芸店で買える「ダルマ家庭糸」の細口がオススメ！　値段も100円台で買うことができます。

③ 刺繍糸

刺繍をするときに使う糸です。6本の細い糸がより合わさって1本の太い糸になっています。

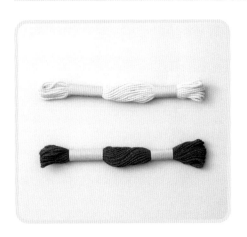

刺繍糸は「25番」の太さのものが一般的です。推しぬいの刺繍では25番の刺繍糸を使います。

刺繍糸は100円ショップでも買えますが、絡まりにくくてスムーズに刺繍をすることができるメーカー製の刺繍糸がオススメです。

刺繍糸のメーカー

手芸店で売っている刺繍糸は「DMC」「COSMO」「オリムパス」の3社のものが主流です。それぞれ発色に微妙なちがいがあり、色も400色以上あります。色に正解はないので、色の濃さやくすみ具合で理想の色を探してみましょう！

ワンランクアップ

100円ショップの糸とメーカー製の糸

メーカー製の糸でも値段は150円くらいだよ

手芸店

100円ショップ

刺繍糸は100円ショップのものとメーカー製のもので、使い心地だけではなく質感にちがいがあります。100円ショップの刺繍糸はツヤ感があまりなく、メーカー製の刺繍糸は光沢のあるなめらかな仕上がりになります。

④ 綿

ぬいぐるみの中に詰めて、立体感や弾力を出します。

「ぎっしり」や「もちもち」など、綿の触感はさまざま。袋から取り出すと膨らむので、まずは1袋あれば十分です。

粒状になっている「つぶ綿」が詰めやすくてオススメです。

 ぴよぴっこ愛用

100円ショップWで売っているつぶ綿は、たくさん入っていてお気に入り！

⑤ ラインストーン

瞳のハイライトの表現に使える、
小粒のガラスなどでできた石です。

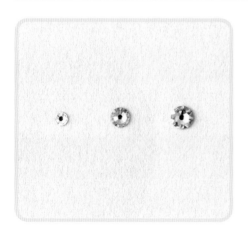

10cmぬいぐるみに使うときは2mm幅の半球状のラインストーンがオススメです。

大粒のラインストーンにするほど、きらきら感が増していきます。シールタイプのものなら接着剤なしでつけることができます。

⑥ 手芸のり

生地などを接着するときに使う接着剤です。

布に使えるタイプの接着材です。ヘラが付属しているものだとすぐに使えて便利です。布にも使えるタイプのボンドでも代用することができます。

 ぴよぴっこ愛用

オススメは「裁縫上手」。つけ過ぎの心配がないスティックタイプはぬい服づくりにぴったり！

❼ 接着芯

片面だけにのりがついている極薄の生地です。
生地の裏側に接着して補強し、歪みを防ぎます。

接着芯はおもに刺繍をするときに使います。100円ショップで売っている接着芯はサイズが小さいですが、推しぬいづくりには十分です。
広範囲に使いたい場合や、たくさん使う予定があったら、手芸店でロールタイプの大きな接着芯を購入してみても◎。
接着芯には薄手〜厚手まで種類がありますが、ぬいぐるみ作りでは薄手のものを使います。

接着芯をつけてみよう！

用意するものは「接着芯」「生地」「刺繍の図案」「アイロン」の4つ！
アイロンの熱で接着芯についたのりをとかし、生地に接着します。
接着するときはやけどに注意してね。

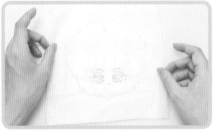

❶ 刺繍の図案を生地に当てて、
位置を確認する

❷ 接着芯を刺繍する範囲が
収まるサイズに切る

❸ 刺繍をしたい場所の
ちょうど裏側に接着芯を配置する

❹ 当て布をして
アイロンをかけて接着する

⑧ 刺繍シート　刺繍の図案を写して使う半透明のシートです。

生地に貼り付けて使う接着タイプと、貼らないタイプの刺繍シートがあります。接着タイプはずれにくいですが洗い流すのにコツがいるので、貼らないタイプがオススメです。

刺繍シートの
使いかたは
52ページで
解説するよ！

⑨ 接着シート　アイロンの熱で溶かすことで接着剤になるシートです。
生地同士を接着するときに使います。

接着シートは100円ショップでも手芸店でも買うことができます。髪の裏貼り（→40ページ）などの広範囲に使うときに向いていますが、手芸のりで代用することもできます。

生地の補強をするのが
「接着芯」で、
生地同士をくっつけるのが
「接着シート」だよ！

ぴよぴっこの 「推しぬいづくりアルバム」

かわいらしく高クオリティなぬいぐるみとわかりやすい解説動画が話題を呼び、
チャンネル登録者数12万人、X（旧ツイッター）フォロワー2万人を誇るぴよぴっこさん。
貴重な未公開写真とともに、これまでのぬいぐるみづくりを振り返ります♪

2ヶ月目

まだぬいぐるみを2体しかつくっていない頃の刺繍です。ステッチをくらべるために左右のステッチをあえて変えてあります。当時はまだ刺繍のやり方も手探り状態で下縫いもしておらず、縁のガタガタを修正するために刺し続けていたら分厚くなりすぎてしまいました。

6ヶ月目

一番はじめに作ったオリジナルのぬいぐるみです。
ぬいぐるみをつくり始めて6ヶ月目くらいの時期につくったもので、数でいうと6体目になります。
よく見てみると、現在よりは刺繍はつたないです。

現在

ここまで
レベルアップしたよ！
みんなもチャレンジ
してみてね

裁縫の練習を
してみよう！

2章では「裁縫」について解説していくよ。
基本の縫いかたやステッチの練習をして、
「推しぬい」づくりで使うスキルを確認してみてね。
はじめは誰でもうまくいかないもの。
焦らずゆっくり挑戦してみよう！

基本の縫いかた

ぬいぐるみづくりだけでなく、
どんな裁縫にも使える基本の縫いかたを紹介するよ！

玉むすび・玉どめと
3つの縫いかたが
できればOK！

玉むすび

糸が生地から抜けないように、縫いはじめる前に行います。

1 糸を人差し指に巻きつける

2 巻きつけた糸を人差し指と
親指で糸をこすりあわせて
糸を絡ませる

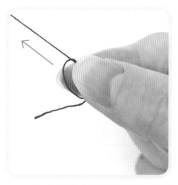

3 人差し指と親指ではさんだ
まま糸を引っ張る

4 しっかり玉をつくる

玉むすびは糸が生地から
抜けないようにするための
大切な工程。
うまく結び目ができなかったり、
結び目がゆるくなってしまったら
一度糸をほどくか、
結び目を切ってやり直してね。

玉どめ

縫い終わったあと、糸が生地から抜けないように行います。基本は生地の裏側で結びます。

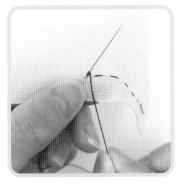 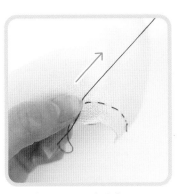 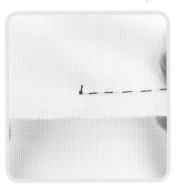

① 縫い終わったところの糸の根元で生地に針を置き、2〜3周巻きつける

② 巻きつけた糸を指でしっかり押さえて針を上に引き抜く

③ しっかり玉をつくり、余分な糸を切る

失敗あるある

玉どめが布から離れた位置になっちゃった！

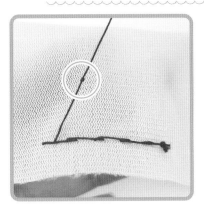

玉どめの結び目が生地から離れていると縫い目がゆるんでしまいます。面倒がらず、落ち着いて対処しましょう。

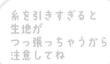
糸を引きすぎると生地がつっ張っちゃうから注意してね

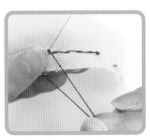 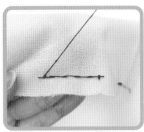 

離れた玉どめはそのままで、もう一度糸の根元に針を当てて玉どめし直せばOK！　糸が短い場合は、一度糸を抜いて針に巻きつけたあと、針穴に糸を通し直してから針を引き抜きます。

なみ縫い

生地のおもてから見ても裏から見ても破線のような
縫い目になる縫いかたです。

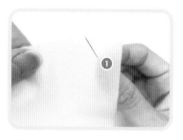

① ①から針を出す

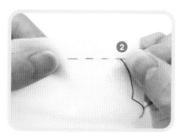

② ②に針を刺す。同じように、
裏から針を出しておもてに
刺す動作を交互にする

生地がズレないように
仮であらく縫いつける
「しつけ縫い」をするときに
使う縫いかただよ

針を引っ張りすぎると
生地がよれるので要注意！

③ 針を抜く

④ 生地の裏で玉どめをする

半返し縫い

おもてから見ると破線のような縫い目になる、
丈夫な縫いかたです。基本は半返し縫いで縫います。

① ①から針を出す

半目

② 半目もどって②に針を刺す

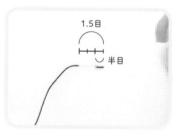

1.5目

半目

③ 1.5目先から針を出す

④ ①〜③をくり返す

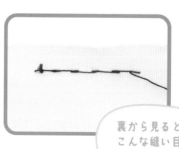

裏から見ると
こんな縫い目に
なるよ

コの字とじ

おもてからは縫い目が見えなくなる縫いかたです。
返し口を閉じるときに使います。

玉どめは
生地の裏側に
くるよ

① 生地の端を縫製ラインで内側に折り込み、折山の裏から針を出す

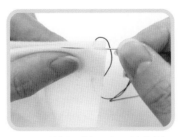

② 反対側の折り山に針を刺して、3mmくらいすくって針を出す

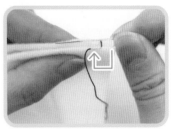

③ もう一度反対側の折り山にもどり、針を刺して3mmくらいすくって針を出す

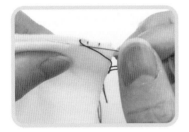

④ ①〜③をくり返す

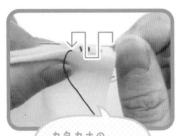

カタカナの
「コ」の字のように
縫っていくよ！

引っ張ると縫い目が
見えなくなるよ！

⑤ 糸をきゅっと引っ張る

ワンランクアップ

まっすぐきれいに縫うコツ

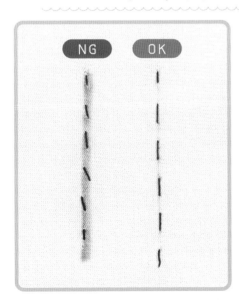

NG　OK

縫いたいラインをチャコペンでしっかり描いて、下描きからズレないように縫うのがコツです。下描きの線が太すぎると縫い目がぶれてしまうので、注意してね。

焦らず慎重に、
ひと針ひと針
丁寧に縫ってね

基本の刺繍のやりかた

刺繍はむずかしい印象があるけれど、ゆっくり丁寧に縫えば大丈夫！
推しぬいづくりで使う基本的なステッチを確認していこう！

刺繍には「ステッチ」と呼ばれるいろいろな種類の縫い目があり、同じ図案の刺繍でもステッチ次第で印象が変わります。ひとつのぬいぐるみでいくつもの種類のステッチを使うこともあるよ！

アウトライン
ステッチ

サテンステッチ

ストレート
ステッチ

サテンステッチ

アウトライン
ステッチ

ロングアンド
ショートステッチ

ストレート
ステッチ

サテンステッチ

ステッチ選びに正解はありません。刺繍糸の使いかたや基本のステッチを練習して、理想の推しぬいにぴったりなステッチを探してみてね。

刺繍糸の使いかた

刺繍糸は6本の糸が
より合わさって
1本の束になってるよ

2本取りするときでも
必ず1本ずつ
引き抜いてね

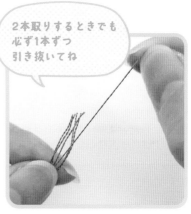

① 40 〜 50cmに切った刺繍糸の
先端をやさしくほぐす

② 1本ずつ絡まらないようにゆっ
くり引き抜く

『1本取り』ってなに？

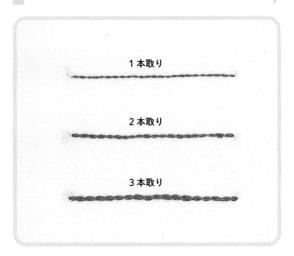

1本取り

2本取り

3本取り

刺繍糸は1〜6本の糸をひとつの針穴に通して刺繍
します。1本の糸を使うときは「1本取り」、2本の糸
を使うときは「2本取り」といい、使う糸の本数でス
テッチの線の太さが変わります。この本では基本的
に1本取りで刺繍をしています。

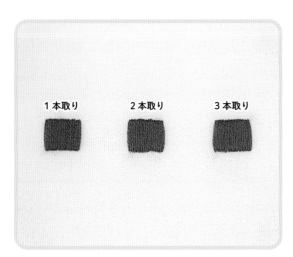

1本取り　　　2本取り　　　3本取り

面を埋めるステッチでは、糸の本数が多いほど短い
時間で埋めることができます。ただし、1本取りで
刺繍したほうが時間がかかる分、繊細な仕上がりに
なります。

線を引くステッチの
やりかた

口や二重線などの線を表現するときに使えるステッチ3つを紹介するよ！
慌てず、縫いたいラインに沿えるように意識して縫ってみよう。

アウトラインステッチ

半目分ずつ重なるように縫っていくステッチです。
本書では下縫いやまゆげの刺繍に用いています。

1 縫い始めたいところから針を出す

2 半目先に針を刺す

3 **1**で針を出したところに戻って針を出す

4 1目分先に針を刺す

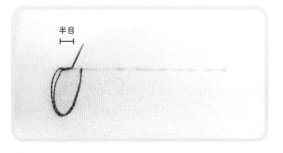

5 半目戻って針を出す

6 **4**〜**5**をくり返す

バックステッチ

1目ずつ、うしろに戻りながら縫っていくステッチです。
本書では一部のまゆげや二重線の刺繍に用いています。

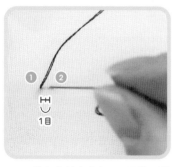

1 ①から針を出し、1目先の②に針を刺す

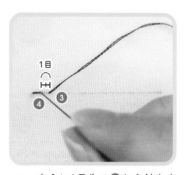

2 さらに1目先の③から針を出し、1目戻って④に針を刺す

3 2目先から出して1目戻る動作をくり返す

ストレートステッチ

縦や横に1目だけ縫うステッチです。1本の短い線になります。本書では一部の口の刺繍に用いています。

1 生地の裏から針を出す

2 刺繍したい線の終点に針を刺す

3 生地の裏で玉どめしたら完成

チャレンジ

線を引くステッチの糸始末のやりかた

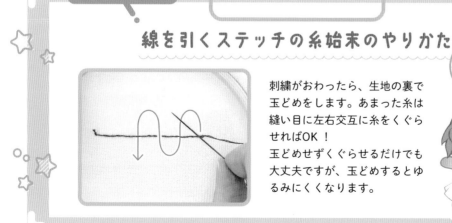

刺繍がおわったら、生地の裏で玉どめをします。あまった糸は縫い目に左右交互に糸をくぐらせればOK！
玉どめせずくぐらせるだけでも大丈夫ですが、玉どめするとゆるみにくくなります。

糸の端はそのままにしておくと裏移りしちゃうよ！

面を埋めるステッチの やりかた

目や口などの面を埋めるときにえるステッチ2つを紹介するよ。
隙間ができないように意識しながら縫ってみよう！

サテンステッチ

同じ方向に繰り返し縫って面を埋めていくステッチです。
本書では一部の目や口の刺繍に用いています。

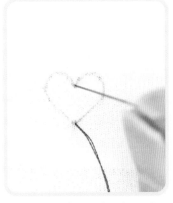

1 生地の裏から針を出し、まっすぐ上に針を刺す

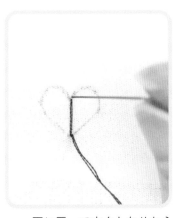

2 下に戻ってすぐとなりから針を出し、まっすぐ上に針を刺す

中央から端にむかって、2回にわけて刺繍しよう！

3 1〜2をくり返す

ワンランクアップ

きれいな刺繍をするには「刺繍糸のねじれ」をなくそう！

2本取りで面を埋めるステッチをするときは、糸を割るように針を刺すと糸が分かれて入っていき、ねじれを予防できます。

ロングアンド
ショートステッチでも
同じだよ

ロングアンドショートステッチ

長短をくり返して縫っていくことで面を埋めていくステッチです。簡単にグラデーションがつくれます。

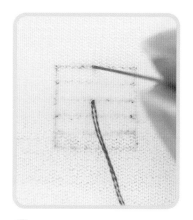

1 針を刺して出す

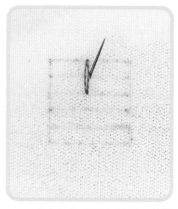

2 すぐとなりから短めの位置に針を出す

3 長短を交互にくり返して刺す

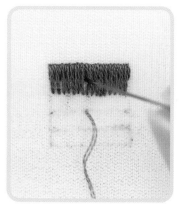

4 下の段から針を出して上段と同じ針穴に刺す

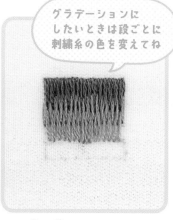

グラデーションにしたいときは段ごとに刺繍糸の色を変えてね

5 ①〜④をくり返して面を埋めていく

6 いちばん下の段は刺しはじめをそろえる

チャレンジ

面を埋めるステッチの糸始末のやりかた

複数の縫い目にくぐらせるのがポイントだよ

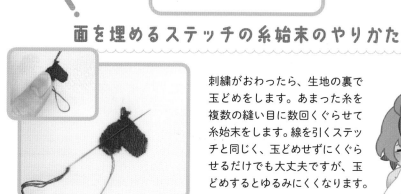

刺繍がおわったら、生地の裏で玉どめをします。あまった糸を複数の縫い目に数回くぐらせて糸始末をします。線を引くステッチと同じく、玉どめせずにくぐらせるだけでも大丈夫ですが、玉どめするとゆるみにくくなります。

型紙の写しかた&
生地の切りかた

本書の巻末に掲載している型紙の使いかたを紹介するよ！
ひとつの型紙のなかにたくさんのポイントがあるから、ひとつひとつ確認していこう。

型紙の見かた

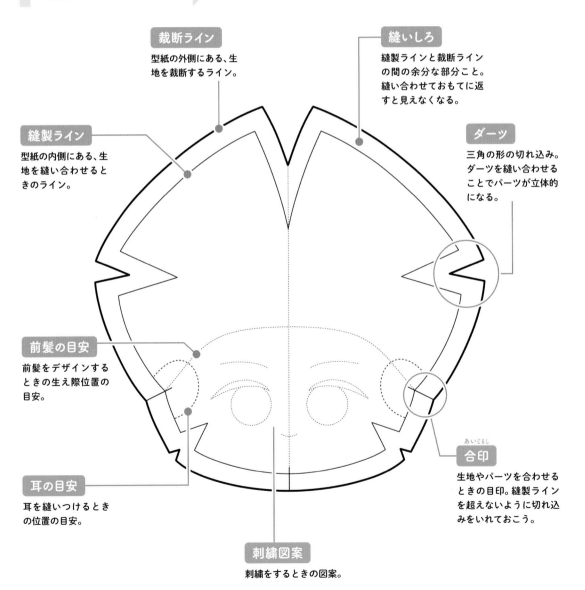

裁断ライン
型紙の外側にある、生地を裁断するライン。

縫いしろ
縫製ラインと裁断ラインの間の余分な部分こと。縫い合わせておもてに返すと見えなくなる。

縫製ライン
型紙の内側にある、生地を縫い合わせるときのライン。

ダーツ
三角の形の切れ込み。ダーツを縫い合わせることでパーツが立体的になる。

前髪の目安
前髪をデザインするときの生え際位置の目安。

耳の目安
耳を縫いつけるときの位置の目安。

合印 あいじるし
生地やパーツを合わせるときの目印。縫製ラインを超えないように切れ込みをいれておこう。

刺繍図案
刺繍をするときの図案。

型紙の写しかた

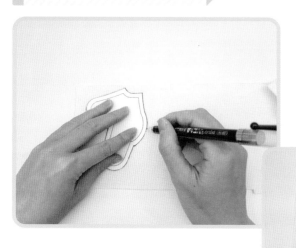

① 裁断ラインで型紙を切って生地に写す

印刷した型紙を裁断ラインで切ります。切った型紙を生地に当て、ズレないように気をつけながらチャコペンなどで外周を写します。

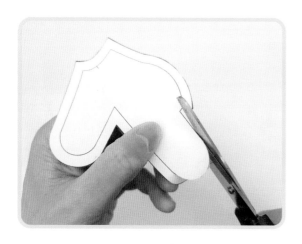

② 縫製ラインで型紙を切る

①で写した型紙を、縫製ラインで切ります。

ワンランクアップ

クリアファイルを使えばくり返し使えるエコ型紙に♪

型紙をクリアファイルに写して切ると、紙よりも傷みにくいのでくり返し使うことができるよ！

裁断ラインで切った型紙と縫製ラインで切った型紙を用意してね

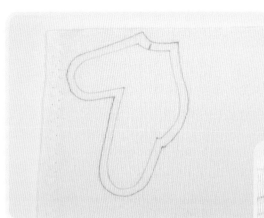

③ 縫製ラインを生地に写す

縫いしろの幅が均一になるように②で切った型紙を生地に当て、ズレないように気をつけながらチャコペンなどで外周を写します。

合印もしっかり写してね！

Point 縫製ラインを写す位置を確認しよう

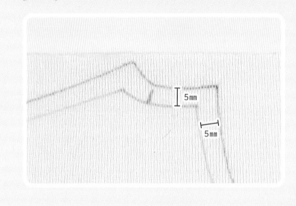

5mm

5mm

縫製ラインを生地に写すときは、縫いしろの幅が5mmになるように合わせるのがコツです。
縫いしろの幅が均一になるように意識しながら写していきましょう。

生地を裁断しよう

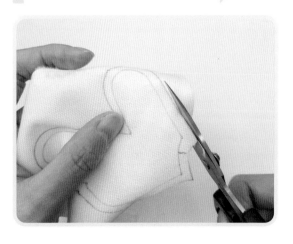

④ 裁断ラインに沿って生地を切る

①で写した裁断ラインに沿って生地を切ります。

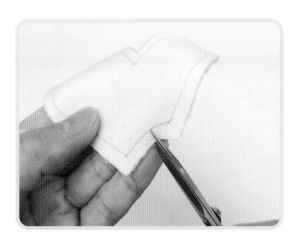

⑤　合印に切れ込みを入れる

❸で写した合印のところに、縫製ラインを超えない
ように小さく切れ込みをいれます。切れ込みの位置
が縫い合わせるときの目印になるので、正確な位置
で切りましょう。

失敗あるある

毛足の長い生地の毛まで切っちゃった！

NG

はさみを大きく開いてざ
くざくと切ったらファー
まで切れてしまうことが
あります。

せっかく
毛足が長い生地なのに
台無しだね

OK

OK

ファーを切らないようにはさみの先を差し込むようにして少しずつ切ると◎

裏貼りのやりかた

「うしろ髪」や「はさみこみパーツ」一部の「貼り付けパーツ」は生地の裏側が見えてしまいます。
そんなときは生地を裏貼りすることで、
前から見てもうしろからみても生地の裏側が見えないきれいな仕上がりになります。
「生地」「接着シート」「アイロン」を用意してチャレンジしてみてね♪

やりかた

> 厚くならないように
> 裏貼り用の生地は
> ソフトボアやナイレックスが
> オススメだよ！

1 裁断前のおもて面用の生地と
裏貼り用の生地を用意して、
生地の裏面同士の間に接着シートをはさむ

2 当て布をして、アイロンでしっかり接着する

> 裏貼りした生地を
> 切るときは
> 両面テープで仮止めすると
> やりやすいよ

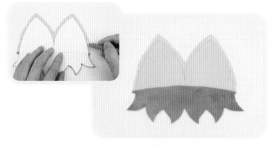

3 ❷で接着した生地に型紙をあてて
ズレないように気をつけながら生地を切る

4 生地を切って、型紙の縫製ラインを写したら
完成！

裏貼りするパーツ

うしろ髪

はさみこみパーツ

一部の貼り付けパーツ

3

「推しぬい」を
つくってみよう!

そろえた道具と練習した裁縫スキルを使って
いよいよ「推しぬいづくり」に挑戦!
ぬいぐるみの構造を理解して、
自分だけの推しぬいをデザインしてみてね♡

推しぬいづくりの手順

これまでに紹介したいろいろな
道具の使いかたや、縫いかた、
これから紹介する「推しぬいづくり」の手順のまとめだよ！
どんな順番でどんな作業が必要なのか確認してみてね。

▐ デザイン

① デザインを考える → 43ページ
② 髪の型紙をつくる → 46ページ

▐ 刺繍

③ 刺繍シートに図案を写す → 52ページ
④ 顔の生地の裏に接着芯を貼る → 52ページ
⑤ 刺繍枠にセットする → 15ページ
⑥ 裁断ラインをしつけ縫いする → 53ページ
⑦ 顔の刺繍をする → 55ページ
⑧ 刺繍シートをはがす → 54ページ
⑨ しつけ縫いを目印にして生地の裏に型紙を写す → 54ページ

いろいろな
手順があるけど
ひとつひとつ
確認していこう

▐ 裁断・縫製

⑩ 顔以外のパーツを用意する → 64ページ
⑪ それぞれのパーツを縫い合わせる → 65ページ
⑫ 綿を詰めて返し口をとじる → 75ページ
⑬ 後付けパーツをつける → 81ページ

理想の推しぬいづくりの第一歩！

推しぬいの デザインのやりかた

つくりたい推しが決まったら、まずはデザインを描き起こしてみよう！
表現したい特徴や表情、配色のバランスをよく考えて
オリジナルのデザインを考えてみてね。
もちろんこの本に載っている図案やデザインを使ってもOK♪

❶ 髪型をデザインしよう

髪型は布だけで表現するには限界があるので、簡略化してデザインに落とし込む必要があります。こだわりたい部分と妥協する部分をしっかり考えましょう。

❸ はさみこみパーツ

イメージ

❷ 前髪

❶ 貼り付けパーツ

❹ うしろ髪

＋❺ 後付けパーツ

髪型の構造を意識して、どのパーツで表現するか考えよう

❺の後付けパーツはテールヘアーなどを再現したいときにだけ使うよ

Point 髪型の表現は生地選びからはじまる！

デザインを決めながら、生地についても考えましょう。三次元の推しの場合、毛足の長いファーでリアルな質感を表現するなど、毛足を活かした髪型がオススメです。二次元の推しの場合は貼り付けパーツで立体感を出します。生地を貼り合わせるので、毛足の短いソフトボアやナイレックスがオススメです。

❷ 顔をデザインしよう

顔はぬいぐるみの印象を決めるとても大事な部分です。バランスが崩れないように意識しながら、目やまゆ毛、口を配置していきましょう。

イメージ

まゆ毛

いちばん感情を表現するパーツ。形だけではなく太さもポイント。悩んだら弓なりの曲線がオススメ。

目は顔の中でいちばんインパクトのあるパーツです。「アイライン（まぶた）」「瞳」の2パーツで捉えてみて！

二重線

二重を表現する線。一重キャラの場合はなくても OK。

アイライン

「丸目」「切れ長」などキャラクターの特徴がでる。

瞳

「黒目がち」「三白眼」など、瞳の大きさや形で特徴が出せる。瞳の下には反射光として明るめの色を配置すると◎

まつ毛

アイラインから生えているまつ毛と、下まつ毛がある。まつ毛の量や下まつ毛の有無などでも印象が変わる。

口

キャラクターの性格や雰囲気が出るパーツ。大きいと「元気」「わんぱく」、小さいと「クール」「控えめ」「落ち着きがある」印象になる。

色

黒はきつい印象になりがち。黒を使いたいときは焦げ茶にすると自然な印象になる。全体的にワントーン淡い色を使うとおしゃれな印象になる。髪色とのバランスも考えよう！

チャレンジ

刺繍の図案を描いてみよう！

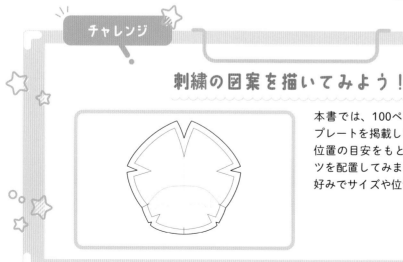

本書では、100ページに図案用のテンプレートを掲載しています。
位置の目安をもとに目や口などのパーツを配置してみましょう。目安なので、好みでサイズや位置を変えてもOK！

ぬいぐるみデザイン例

イメージ

立体感やボリュームのあるサイドの髪は貼り付けパーツで表現します。そのため、貼り付けがしやすいソフトボアを使いました。

貼り付けパーツ

後ろ髪

完成！

やや垂れ目気味のおっとりした目は、アイラインをすこし太めにして瞳にかかるようにすることで表現しています。

ぬいぐるみデザイン例

イメージ

髪のハネ感をはさみこみパーツで表現しました。襟足は短いので後頭部パーツのみで、ふわっとしたミディアムショートを毛足ながめのファー生地を使って表現します。

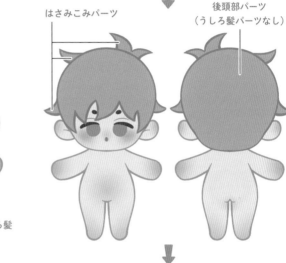

はさみこみパーツ

後頭部パーツ
（うしろ髪パーツなし）

完成！

気だるげなダウナーキャラなので、あえてハイライトを入れずにシンプルな目で表現します。

前髪の型紙の つくりかた

図案の次に推しぬいの印象を左右する「前髪パーツ」。
推しの数だけ前髪の数があるから、
自分だけの推しの型紙をつくってみよう！

テンプレート
100
ページ

① 顔を配置して、 テンプレートにラフを描く

テンプレートの生え際ラインを目安にして、顔とのバランスを意識しながら前髪のラフを描いていきます。前髪の線の両端は必ず赤線につなげるように描きましょう。

失敗あるある

組み立てたら顔のバランスが変になっちゃった……！

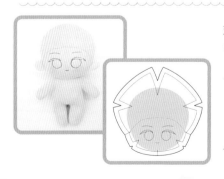

頭部は球体になるので、端にいくほど奥行きが生まれます。とくにダーツが入っている部分は正面からはほとんど見えなくなります。目尻より外側は側面にまわりこむので、型紙では横髪やもみあげが大きく感じるくらいがちょうどいいです。

もみあげはあとから
カットすることも
できるので、少し長めに
しておくのがオススメ！

② 前髪のラインを清書する

①で描いたラフをもとにして、型紙を清書していきます。縫製すると生地が外側に引っ張られます。あとからカットできるので1〜2mm外側にラインを引くくらいがちょうどいいです。赤線につなげたところから、裁断ラインまで線をのばしましょう。

ここまで
線を伸ばす

③ 型紙を仕上げる

②で描いたラインよりも上の部分の裁断ラインと縫製ラインをそれぞれ描いたら、前髪の型紙の完成です。

もみあげが短い場合

もみあげが短いときは、耳の横にある合印に線をつなげることで、耳が隠れずしっかり見えます。

オールバックの場合

目安の生え際ラインに沿って、ギザギザにラインを書いて生え際を表現します。

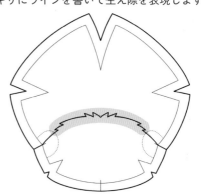

はさみこみパーツの型紙のつくりかた

ぴょんと跳ねたアホ毛や、ツンツンとセットされた髪は
キャラクターの大切な特徴のひとつ。
アホ毛やツンツンヘアーなどのはみ出した髪は
「はさみこみパーツ」で表現するよ。

テンプレート
101
ページ

❶ テンプレートにラフを描く

ぬいぐるみのデザインをもとにして、テンプレートにラフを描きます。赤線が縫製ライン（＝頭部の輪郭）です。赤線につながるように、はさみこみパーツを描きこんでいきましょう。

❷ はさみこみパーツのラインを清書する

❶で描いたラフをもとにして、型紙を清書していきます。縫製ラインにつないだところから垂直になるように裁断ラインまで線をのばしましょう。

③ はさみこみパーツ以外の テンプレートを消す

はさみこみパーツとなるところ以外のテンプレートのライン(水色の部分)を消します。これではさみこみパーツの型紙は完成です。

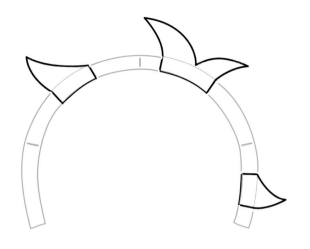

Point 裏貼りをしよう

はさみこみ髪の生地を切るときは裏貼り(→40ページ)してからカットしましょう。

Point ワンパーツでも使える!

頭部全体にわたるツンツンヘアーは1周使って表現します。

チャレンジ

襟足のはさみこみパーツをつくってみよう

長めの襟足の表現も、はさみこむ形で表現します。100ページに掲載している「襟足テンプレート」を使って、はさみこみパーツと同じように型紙をつくってみましょう。

うしろ髪の型紙の
つくりかた

髪の毛の長いキャラクターをつくるときに必須の「うしろ髪パーツ」。
うしろ髪は理想通りにつくるのが難しいパーツなので、
いらない生地で試作をしてから、本番をつくるのがオススメだよ。

テンプレート
101
ページ

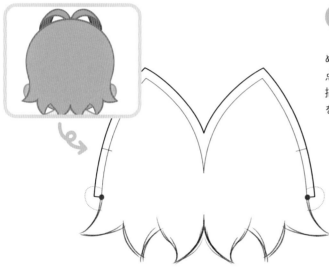

1 テンプレートにラフを描く

ぬいぐるみのデザインをもとにして、赤い
点につながるようにテンプレートにラフを
描きます。前髪と同じように、まわりこみ
を意識しながら描きましょう。

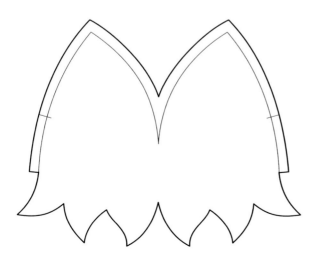

2 うしろ髪を清書する

❶で描いたラフをもとにして、型紙を清書
していきます。

チャレンジ

ウィッグで髪をつくってみよう！

推しのヘアアレンジが多くて、どの髪型にするか悩んでしまう人には
「ウィッグ式」がオススメ！「前髪」「はさみこみパーツ」「うしろ髪」を
頭部に縫いこまずに単体でつくれば、手軽に髪型が変えられます。

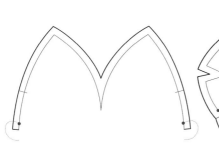
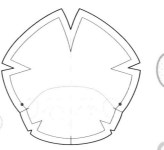

ウィッグ式で
型紙をつくるときは
耳の上の青い点に
前髪とうしろ髪の
線の端をつなげてね

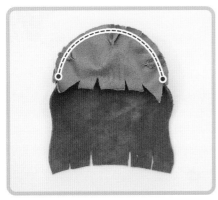

1 ダーツを縫い、前髪とうしろ髪を
縫い合わせる

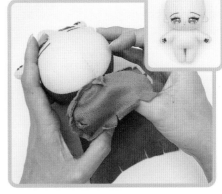

2 縫いしろに切れ込みを入れてから、
前髪とうしろ髪のないぬいぐるみ
にかぶせる

貼り付けパーツが
ある場合は
縫いとめたあとに
貼り付けてね

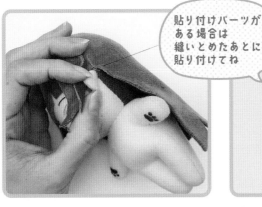

3 玉どめと玉結びがウィッグのうし
ろに隠れるようにして、ウィッグ
を縫いとめる

4 形をととのえたら完成！

刺繍の
準備とあと処理

顔パーツをきれいに仕上げるためにはしっかり準備をして、
丁寧にあと処理をすることが大切！
めんどうな作業のように見えるけど、
焦らずひとつひとつ丁寧にやってみてね。

準備をしよう

1 刺繍シートに図案を写す

型紙の上に、肌用の生地と同じサイズに切った刺繍シートを重ねて、マスキングテープなどで固定します。固定した刺繍シートに、チャコペンなどで刺繍の図案と型紙の裁断ライン、合印を写します。

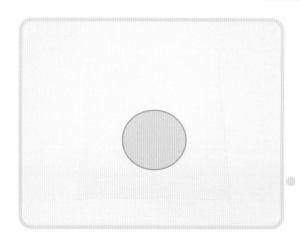

2 生地に接着芯を貼る

顔の刺繍の図案が収まるサイズに接着芯を切ります。切った接着芯を、顔用の生地の裏側にアイロンで貼り付けます。ナイレックスなど伸縮性のない生地の場合は接着芯は不要です。

Point 位置をしっかり確認しよう

接着芯がズレないように、貼り付ける前に生地のどの位置に刺繍がくるのかシミュレーションしましょう。図案より少し大きめに接着芯を切っておくと安心です。

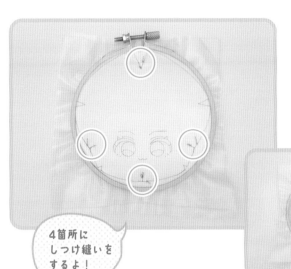

③ 刺繍枠に生地をセットし、
印をつける

刺繍枠に生地と、図案を写した刺繍シートを重ねて
セットします。①で写した裁断ラインに沿ってしつ
け縫いをして糸で印をつけておきましょう。

4箇所に
しつけ縫いを
するよ!

Point

糸印は、型紙を写す
ときの目印です。裏
面からみたときにわ
かりやすくしておき
ましょう。

④ 刺繍をする

生地に顔の刺繍をします。

刺繍のやりかたは
55〜63ページで
解説してるよ!
好きなお顔の刺繍に
チャレンジして
みてね

あと処理をしよう

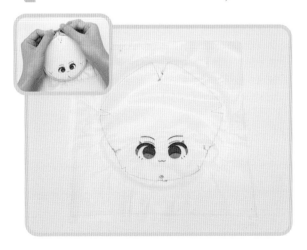

⑤ 刺繍枠から生地をはずす

刺繍が完成したら、刺繍枠から生地と刺繍シートを
取りはずします。

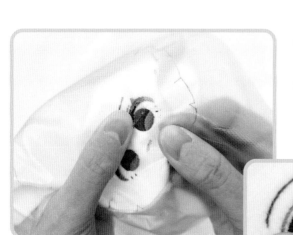

⑥　刺繍シートをはがす

生地から刺繍シートをはがします。刺繍をするときに一緒に縫い込んでいるので、刺繍の際からぺりぺりはがすイメージでやさしく破いていきます。

Point

細かいところや、はがし残しのあるところはピンセットを使いましょう。

⑦　生地に型紙の裁断ラインを写す

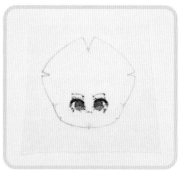

刺繍シートをはがしたら、生地の裏に型紙を写していきます。❸でつけた糸印を目印にして型紙を合わせ、ズレないように気をつけながら裁断ラインを写していきます。

⑧　縫製ラインも写して、　生地を切る

型紙を縫製ラインで切り、縫いしろが均等になるように型紙を配置して、縫製ラインを生地に写します。写したら、裁断ラインに沿って生地を切って、顔パーツの完成です。

くりっとした目と「ω」の形の口がキュート♡

お顔刺繍のやりかた❶
～シンプル瞳＆ω口～

じっとこちらを見つめるまっすぐな視線がかわいらしい、定番の表情。
瞳も2色でシンプルだから初心者でも
挑戦しやすいデザインだよ！

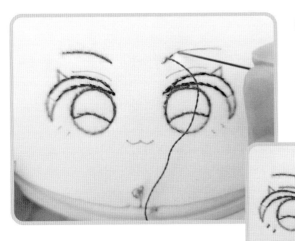

❶ 顔の下縫いをする

アウトラインステッチかバックステッチで、刺繍の
下縫いをします。したまつ毛は短いので、毛足に
埋もれてしまわないように2本どりのストレートス
テッチで刺繍します。

Point

今回は下縫いと同じ
タイミングで口の刺
繍をしています。ア
ウトラインステッチ
で中心から端に向
かって刺繍していき
ます。

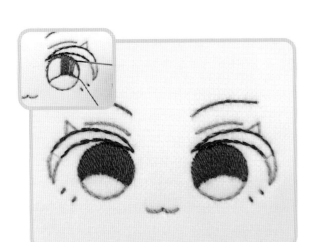

❷ 瞳を刺繍して埋める

サテンステッチで瞳の上部分を埋めていきます。こ
のとき、下縫いした縫い目より外側で針を出したり
刺したりして、下縫いをまたいで隠すようなイメー
ジで刺繍していきましょう。

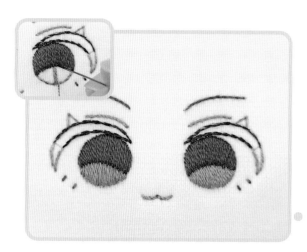

③ 瞳の反射光を刺繍して埋める

反射光にあたる、瞳の下側の部分をサテンステッチ
で刺繍していきます。

Point 隙間のない刺繍をするコツ

瞳の上部との境目は、隙間ができないよう
に縫い目の際に針を刺すように意識しま
しょう。

④ アイラインを刺繍して埋める

サテンステッチでアイラインを埋めていきます。ワ
ンポイントとして目尻もサテンステッチで、アイラ
インとは糸の色を変えて刺繍をしていきます。

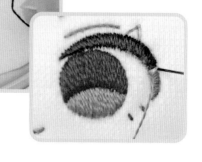

⑤ まつげを刺繍して埋める

サテンステッチでまつ毛を刺繍していきます。アイ
ラインの刺繍が縦向きなのに対し、まつ毛は横向き
で縫っていきます。

ラインストーンでハイライトを表現しよう

「ハイライトを入れたいけど、ちいさな円を刺繍するのがむずかしい……」
そんなときは、ラインストーンを使ってハイライトを表現してみましょう!
縫わずにできて、刺繍にはないキラキラ感も演出できます。

1 ラインストーンと手芸のりとピンセットを用意する

2 ハイライトを入れたいところに、爪ようじなどを使って手芸のりをつけます

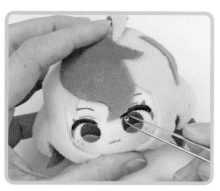

3 手芸のりをつけたところにピンセットでラインストーンをのせます

4 左右対称になるように位置を微調整します

キラキラ
ハイライトの完成!
ラインストーンの
数や大きさも
お好みで変えてみてね

お顔刺繍のやりかた❷
〜フチあり瞳＆まんまるお口〜

ぽってりした眉毛とあどけない口。
瞳にフチがあると、まるでミシン刺繍のようなリッチ感のある印象に♪
ひと手間がかかるけれどシンプルなデザインでもおしゃれな瞳になるよ。
内側のロングアンドショートステッチの方向を変えて、またちがった印象も表現してみよう。

目を刺繍しよう

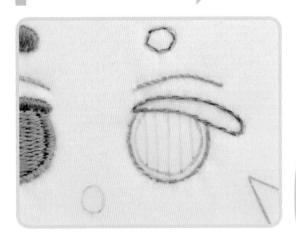

1 顔の下縫いをする

アウトラインステッチかバックステッチで、顔の下縫いをします。今回は、口は目の刺繍が終わったあとにバランスを見ながら刺繍をしていきます。

ロングアンド
ショートステッチを
するときは
刺繍シートに
ガイドになる線を
写しておくと
やりやすいよ

Point しっかり下縫いをしよう！

細かく刺繍をしていると、刺繍シートが破れてきてしまうことがあります。先に下縫いをしておくことで、刺繍シートがやぶれても図案を見失わずに縫うことができます。

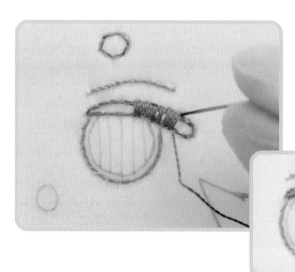

②　アイラインを刺繍して埋める

サテンステッチでアイラインを埋めていきます。このとき、下縫いした縫い目より外側で針を出したり刺したりして、下縫いをまたいで隠すようなイメージで刺繍していきましょう。

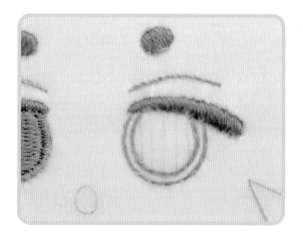

③　瞳の内側を下縫いする

アウトラインステッチで、瞳の内側の線を下縫いしていきます。

④　瞳の内側を刺繍して埋める

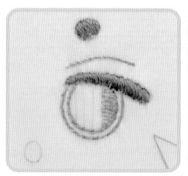 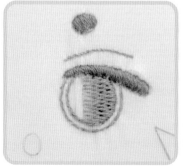 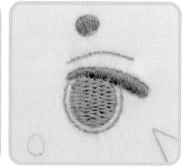

ロングアンドショートステッチで、瞳のなかを埋めていきます。
今回は横向きに刺繍していきます。

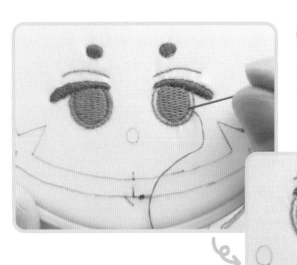

⑤ 瞳のフチを刺繍して埋める

下縫いをまたぐようにしてサテンステッチで瞳の
フチを放射状に埋めていきます。

Point

はじめに大まかに
縫ってから、区切り
ごとに刺繍していく
と縫い目が揃いやす
くなります。

▢を刺繍しよう

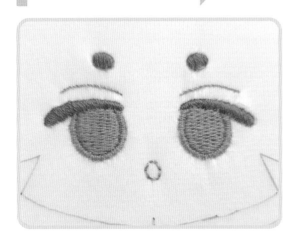

⑥ 口の下縫いをする

バックステッチで口の刺繍の下縫いをします。

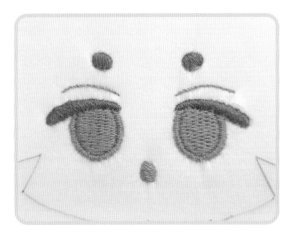

⑦ 口を刺繍して埋める

下縫いした縫い目より外側から針を出し、下縫いの
縫い目をまたぐようにして、口のなかをサテンス
テッチで埋めていきます。

きゅっとあがった目尻と猫みたいなお口が魅力的！

お顔刺繍のやりかた❸
〜グラデーション瞳＆猫お口〜

ロングアンドショートステッチを使った
きれいなグラデーションの瞳が個性的！
存在感のあるまつ毛と、
特徴的なお口も刺繍して猫っぽい表情を表現してみよう！

目を刺繍しよう

❶ 刺繍の下縫いをする

アウトラインステッチかバックステッチで、刺繍の
下縫いをします。

Point　下縫いも色変えしよう

下縫いの刺繍糸もやりたいグラデーション
によって色を変えておきます。下縫いのス
テッチが縫うときの目安になります。

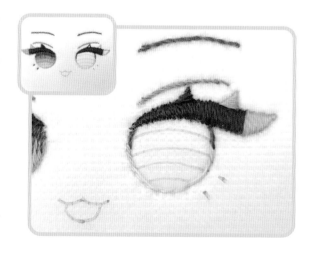

❷ アイラインとまつげを
　 刺繍して埋める

サテンステッチでアイラインとまつ毛を埋めてい
きます。アイラインは縦、まつ毛は横向きに刺繍し
ていくことで、アイラインとまつ毛の区別がつい
て、アイラインが強調されます。

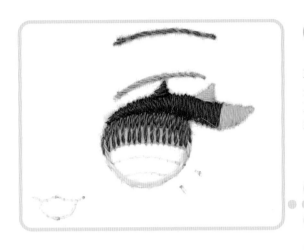

③ **瞳の上段を刺繍して埋める**

刺繍シートに写したガイドの上から2段目まで縫う長いステッチと、1段目まで縫う短いステッチを交互にくり返して、ロングアンドショートステッチで刺繍していきます。

> **Point** 下縫いをしっかりまたごう
>
> いちばん端を刺繍するときは、下縫いからすこしはみだすくらいで刺繍します。

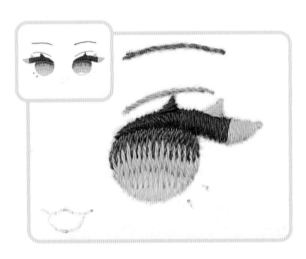

④ **瞳の中段と下段を刺繍して埋める**

刺繍糸を変え、長いステッチと短いステッチの隙間にはめていくようなイメージで、中段と下段もロングアンドショートステッチで刺繍していきます。

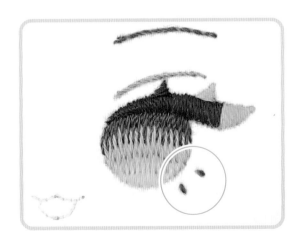

⑤ **したまつ毛を刺繍する**

2本取りのストレートステッチで下まつげを刺繍します。

▢ を刺繍しよう

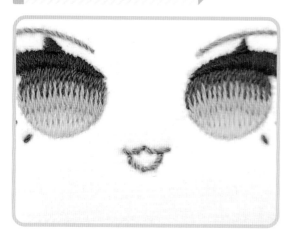

6 口の下縫いをする

アウトラインステッチで口の下縫いをします。上の
部分は下縫いがそのまま口の線になるので、とくに
丁寧に刺繍していきましょう。

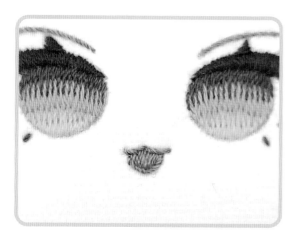

7 口を刺繍して埋める

口の中をサテンステッチで埋めます。
縦向きに刺繍することで、「ω」の口の凹凸に沿って
埋めることができます。

チャレンジ

ストレートステッチで前歯を表現してみよう

ひらいたお口の上に、白い刺
繍糸を使って2本どりのスト
レートステッチで刺繍をする
と、ちらっと覗く白い歯が魅
力的な口に仕上がります。

「推しぬい」の つくりかた

型紙
105〜110
ページ

材料

- 肌用の生地
- 髪用の生地
- 手縫い糸
- 刺繍糸
- 刺繍シート
- 手芸綿
- 接着芯

準備をしよう

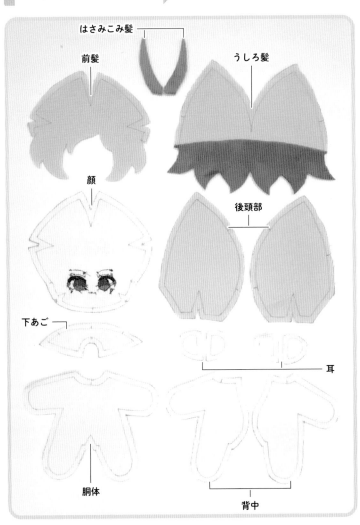

はさみこみ髪
前髪
うしろ髪
顔
後頭部
下あご
耳
胴体
背中

① 生地を切って パーツを用意する

生地に型紙を写して裁断ラインで切ります。顔や体に刺繍をする場合は、先に刺繍をしてから生地を切りましょう。髪の毛の生地の裏貼りも切る前にやっておきます。髪の貼りつけパーツはあとから調整するため、ここではまだ準備しません。

今回は
貼り付けパーツを
除くと全部で
15パーツだよ

② **ダーツを縫い合わせる**

❶で準備したパーツのダーツ部分を半分に折って、縫製ラインの端から端まで縫い合わせます。ダーツを縫うことで、パーツが立体的になります。

> 三角の切れ込みになっているところがダーツだよ！

③ **すべてのパーツのダーツを縫いあわせる**

❷と同じように、すべてのダーツを縫い合わせます。今回はうしろ髪をふくめて全部で10箇所のダーツがあります。

ワンランクアップ

「縫いしろを割る」と仕上がりがきれいになる！

ダーツの股部分に切れ込みをいれる。

➡

縫いしろをそれぞれ左右にたおす。

> 縫いしろを割っておかないと一部だけ生地が分厚くなって仕上がりが悪くなっちゃうよ

胴体をつくろう

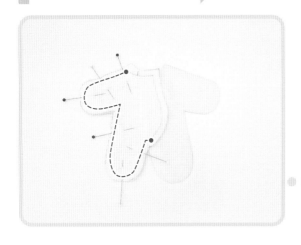

④ 胴体と背中を重ねて縫う

胴体と背中1枚を、それぞれの生地のおもて面が内側になるようにぴったり重ねます。ズレないようにまち針で固定して、肩から股下までを縫製ラインで縫い合わせます。

Point ズレにくい縫いかたのコツ

一度に縫おうとせずに、肩から脇下まで、脇下から足先まで、足先から股下までとポイントを決めてこまめに縫うとズレにくいです。

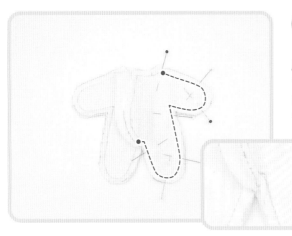

⑤ 反対側の背中を縫う

胴体に反対側の背中1枚を、それぞれの生地のおもて面が内側になるように重ねます。④と同じように、まち針で固定して、肩から股下の角までを縫製ラインで縫い合わせます。

顔パーツをつくろう

⑥～⑦をくり返して、
耳パーツを
2つつくってね！

⑥ 耳を2枚 重ねて縫う

生地のおもて面を内側にして重ね、耳を端まで縫い合わせます。

⑦ 耳に切れ込みを 入れる

縫い合わせた耳の曲線部分に切れ込みを入れます。

⑧ 耳パーツを 表に返す

⑥～⑦でつくった耳パーツを表に返して、形をととのえます。

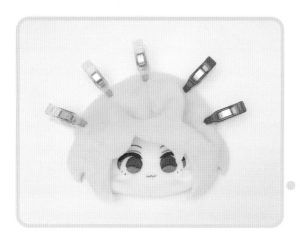

⑨　前髪と顔を重ねる

どちらも生地のおもて面を上にして、前髪と顔を重ねます。ズレないようにまち針やクリップで固定します。

Point　パーツをしっかり合わせよう

頭頂部から合わせると合わせやすいです。

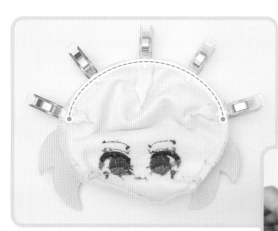

⑩　前髪と顔をしつけ縫いする

⑨で重ねた前髪と顔をあらいなみ縫いでしつけ縫いしていきます。しつけ縫いはあとで取りはずさなくていいように縫製ラインよりも外側を縫いましょう。

重ねた生地がズレないように仮であらく縫いつけておくことを「しつけ縫い」というよ

失敗あるある

縫製ラインより内側をしつけ縫いしちゃった……！

縫製ラインよりも内側を縫ってしまうと、おもてに返したときに顔の面積が小さくなってしまいます。しつけ縫いは仮であらく縫い付けてあるだけなので、もし内側を縫ってしまったら、少し手間ですが糸をほどいて縫い直しましょう。

縫う前にどこを縫うか確認しようね

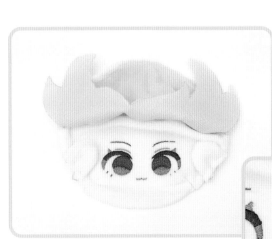

⑪ 顔に耳を仮縫いする

顔に左右の耳をなみ縫いでしつけ縫いします。

Point

しつけ縫いは縫製ラインの外側の、縫いしろ部分を縫います。

⑫ 下あごと顔を縫いあわせる

顔と下あごの合印の切れ込み同士を合わせ、それぞれの生地のおもて面が内側になるように重ねます。縫製ラインで端から端までしっかり縫い合わせます。

失敗あるある

縫っているうちにズレちゃった……！

縫っていて、生地がズレて端が合わなくなってしまうと、型くずれの元に……。曲線で縫うときは中央で合わせて、中央からサイドに向かって縫うのがズレないコツ！

まち針やクリップでしっかり固定してから縫おう！

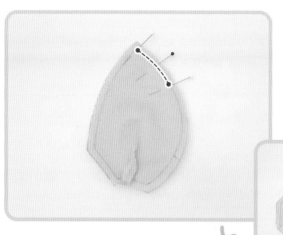

**⑬ 後頭部2枚を重ねて
縫いあわせる**

後頭部2枚を、それぞれの生地のおもて面が内側に
なるようにぴったり重ねます。ズレないようにまち
針で固定して、頂点から返し口まで縫製ラインで縫
い合わせます。

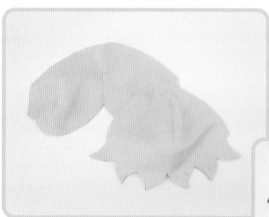

⑭ 後頭部とうしろ髪を重ねる

どちらも生地のおもて面を上にして、後頭部とうし
ろ髪を重ねます。ズレないようにまち針やクリップ
で固定します。

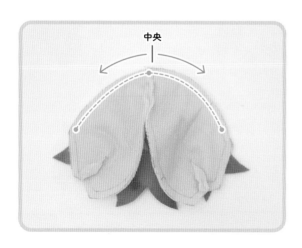

中央

**⑮ 後頭部とうしろ髪を
しつけ縫いする**

⑭で重ねた後頭部とうしろ髪をあらいなみ縫いで
しつけ縫いしていきます。しつけ縫いは縫製ライン
よりも外側を縫いましょう。

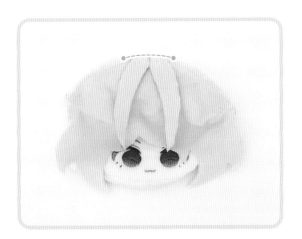

はさみこみパーツが
ないときは
この工程は省略してね!

16 はさみ込みパーツを
しつけ縫いする

はさみこみパーツを顔側にたおして顔に重ねて、あらい
なみ縫いでしつけ縫いしていきます。しつけ縫いは縫製
ラインよりも外側を縫いましょう。

ここまでの確認!

❶〜⓰まででつくったものを確認してみましょう。
これで顔と後頭部のパーツができました。

耳やはさみこみパーツの
位置がズレていないか
確認してみてね

生地がたくさん重なって
分厚いのでクリップが
使いやすいよ

⑰ 後頭部と顔を重ねる

後頭部と顔を、それぞれの生地のおもて面が内側になるようにして、ぴったり重ねます。ズレないようにまち針やクリップで固定します。

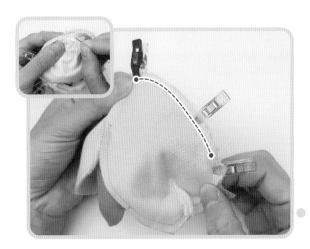

⑱ 後頭部と顔を縫い合わせる

⑰で重ねた顔と後頭部を、頭頂部から右サイドの合印の切れ込みに向かって縫製ラインで縫い合わせます。

> **Point** 「巻き込み」に注意しよう
>
> いっしょに縫ってしまわないように、耳やはさみこみ髪、うしろ髪を縫う前に内側に折って中にいれておきます。

⑲ 左側も縫い合わせる

⑱と同じように、顔と後頭部を頭頂部から左サイドの合印の切れ込みに向かって縫製ラインで縫い合わせます。

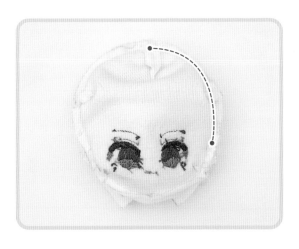

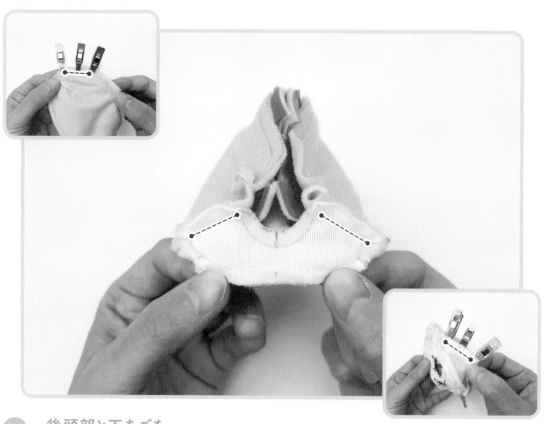

20 後頭部と下あごを
縫い合わせる

下あごと後頭部の下部を、それぞれの生地のおもて面
が内側になるようにぴったり重ねます。ズレないよう
にまち針やクリップで固定して、端から端まで縫製ラ
インで縫い合わせます。これで頭パーツの完成です。

ワンランクアップ ✦

きちんと縫えているか確認しよう

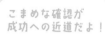
こまめな確認が
成功への近道だよ！

正しいところを縫えているか、パーツの位置がズレていないか、うし
ろ髪などを巻きこんでいないか、おもてに返して確認しよう！

頭と胴体をつなげよう

㉑ 頭に胴体を差し込む

裏返した状態の頭パーツに、おもてに返した状態の
胴体パーツを足先から差し込みます。合印の切れ込
みを合わせながら、ズレないようにまち針で固定し
ます。

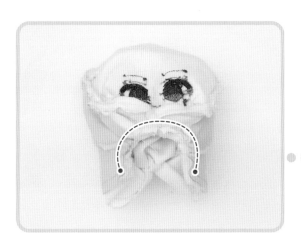

㉒ 頭と胴体を縫い合わせる

㉑で重ねた頭と胴体を端から端まで縫製ラインで
縫い合わせます。

> **Point** 合印を意識して縫おう
>
> 首まわりは縫う距離が長く、1度に縫おうと
> するとズレやすいです。合印の切れ込みご
> とに縫うようなイメージで、下あごの中央か
> らそれぞれサイドに向かって縫いましょう。

㉓ 縫いあわせた胴体を
頭のなかから出す

㉒で顔と縫い合わせた胴体を顔のなかから出して、
形をととのえます。

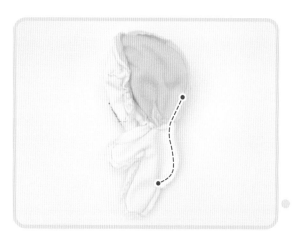

㉔ お尻から後頭部まで縫いあわせる

ぬいぐるみの背中を同士をぴったり重ねます。ズレないようにまち針で固定して、お尻から後頭部の返し口までを縫製ラインで縫い合わせます。

> **Point 髪の毛と肌の変わり目に注目！**
>
> 髪の毛の色に合わせて、途中で手縫い糸の色を変えても◎。

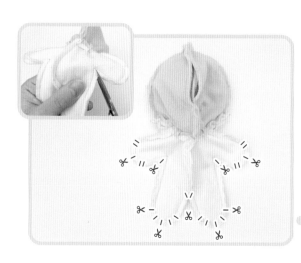

㉕ 縫いしろに切れ込みをいれる

胴体の縫い代の曲線部分に、縫製ラインより外側の範囲内に切れ込みを入れます。手足のカーブは切れ込みの数を多めに入れ、あごにも切れ込みをいれておきます。

> **Point 「切れ込み」で仕上がりがきれいに！**
>
> ささいな手間ですが、切れ込みを入れておくことで、おもてに返したときに生地がつっ張ったりごわついたりしにくくなります。

失敗あるある

縫い目まで切っちゃった！

切れ込みを入れるとき、もし間違って縫い目まで切ってしまっても、切ってしまった縫い目をほどく必要はありません。切ってしまったところの前後1cmずつを重複して縫えばリカバリーすることができます。

㉖ おもてに返してととのえる

からだをおもてに返して、形をととのえます。チャコペンの印が透けてしまう場合はこのタイミングで消しておきましょう。

Point 鉗子を使ってみよう

手足の先などの細かい部分をおもてに返すときは鉗子を使うのがオススメです。つま先までしっかりと返しましょう。

㉗ 胴体に綿を詰める

後頭部の返し口から、胴体に綿を詰めます。手足の先からパンパンに詰めるのがコツ。頭にはまだ綿を詰めないでおきましょう。

失敗あるある

縫い目がシワシワになっちゃった……。

綿の量が少ないと、ぬいぐるみの体がシワシワに……。

返し口をひらき、ぬいぐるみがかたくなるくらい綿を追加しよう!

入り具合を確認しながら綿を詰めてね

お尻の形をつくろう

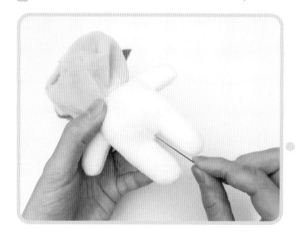

28 股下から針を刺す

股下から針を刺します。股下から刺すことで、玉むすびが目立たなくなります。

> **Point** 強度のある糸を使おう
>
> 糸をぐっと引っ張るのでしっかりした手縫い糸を使いましょう。2本取りすると強度もアップします。

29 背中から針を出して、2～3周縫う

後頭部と胴体の縫い目から1.5cmくらい下から針を出します。お尻の割れ目に糸を沿わせて引っ張りながら、股下に針を刺して、2～3周繰り返します。

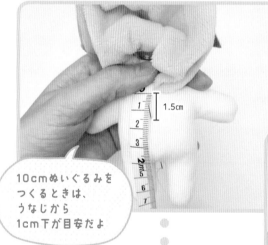

1.5cm

> 10cmぬいぐるみをつくるときは、うなじから1cm下が目安だよ

> **Point** プリっとしたかわいいフォルムのお尻をつくろう！

 →

お尻の割れ目をつくっているうちに、お尻にシワができてしまうことがあります。シワができたら、お尻に綿を追加してシワを伸ばしましょう。

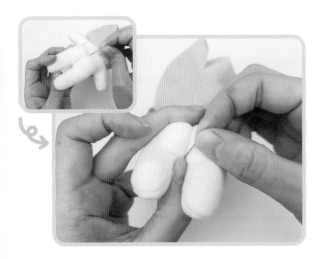

㉚　股下で玉どめする

お尻の割れ目がつくれたら、お尻のくぼみから出ている糸のちかくに針を刺し、股下から出して玉どめします。

㉛　お尻から針を出す

玉どめしたら玉どめの結び目のちかくに針を刺し、お尻のてきとうな位置から針を出します。

㉜　糸を引っ張りながら切る

糸を強めに引っ張りながら、根元の部分から糸を切ります。反動で、糸が体のなかにきれいに隠れます。

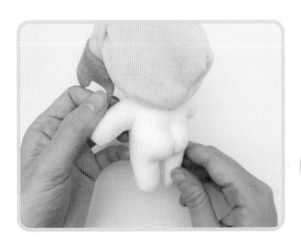

㉝　お尻の形をととのえる

指でやさしく揉んで、お尻の形をととのえます。

お尻の形はこの型紙のこだわりポイントのひとつ！

頭部を仕上げよう

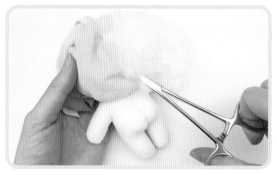

綿を詰めながら、正面から輪郭や胴体のバランスを確認して調整してみてね

34 頭部に綿を詰める

顔の輪郭にシワができないように、あごの辺りから丁寧に頭部に綿を詰めます。揉んで形をととのえながら、パンパンになるまで綿を詰めましょう。

35 返し口をコの字とじで縫いあわせる

返し口部分の生地の裏側から針を刺して、コの字とじで縫い合わせます。隙間ができないように、空いている部分の端から端までしっかり縫いましょう。

ワンランクアップ

玉どめは隠すべし！

玉どめの結び目は見た目や触り心地に影響するので、丁寧に処理しましょう。玉どめをしたら、縫い目に針を刺し、結び目を縫い目の中に隠します。隠れたらてきとうな位置から針を出し、糸を強めに引っ張りながら根元の部分から糸を切ると、反動で糸が体のなか戻ります。糸がなかに入りきらなかったら、揉んで糸を中に隠しましょう。

貼り付けパーツをつくってみよう

ぬいぐるみの前髪などを表現するときに使う「貼り付けパーツ」は
縫い合わせたりせず、切りっぱなしの生地を使うパーツです。
デザインによっては細かい部分もありますが、生地の切りかたを
マスターして貼り付けパーツづくりに挑戦してみましょう！

① 完成させたぬいぐるみ本体に、不
織布や仮の布でつくった型紙を当
てながら、型紙を調整します。

② ①でつくった型紙を生地に当てて
切っていきます。生地は切る前に裏
貼り(→40ページ)しておきましょう。

Point 少しずつ丁寧に切ろう

急な曲線は生地を回しながら切る
とやりやすいです。V字になって
いるところは一気に切ろうとせず、
左右それぞれから切っていくイ
メージで切っていきましょう。

③ 切った生地を手芸のりでぬいぐる
みに貼り付けて完成です。

㊱ 貼りつけパーツを貼る

髪の貼りつけパーツを頭に当てて位置を確認して貼りつけます。複数ある場合はすべて貼りつけておきましょう。

Point ポイントは「少しずつ」

一気に貼りつけるのではなく、位置がズレないように手で押さえて、上下をめくって順番に手芸のりをつけて貼りつけていくのがコツです。

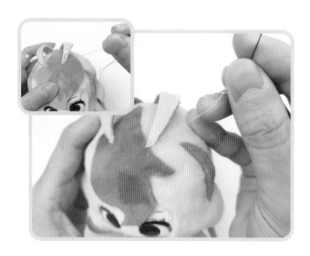

㊲ 触角パーツを縫いつける

手芸のりがかわいたら、触角パーツの毛先を縫いつけていきます。ふんわり浮くようにまち針で固定して、玉むすびが隠れるように触角パーツの毛先の裏側から針を刺します。細かい縫い目になるように縫いつけて、毛先の裏で玉どめします。

㊳ 全体的にととのえる

全体のバランスを見て、前髪を微調整します。揉んで形をととのえたら、完成です！

後付けパーツをつくってみよう

ポニーテールやツインテールを表現するときは後付けパーツをつくって、
完成しているぬいぐるみに後から縫い付けます。
テールパーツは自分のつくりたい形の型紙をデザインしてみてね！

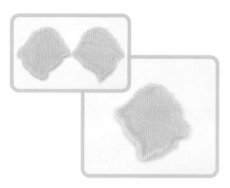

① 左右のテールパーツを生地のおもて面が内側になるように重ねて返し口を残して縫い合わせる

② 縫いしろに切れ込みを入れて、角を切る

③ おもてに返して、少量の綿を詰める

④ コの字とじで返し口を閉じる

後付けパーツの完成！
形やつける位置は好みで
調整してね

⑤ 縫い付ける位置を確認してぬいぐるみ本体にコの字とじで縫いつける

チークの入れかた

ぬいぐるみにチークを使うと、かんたんに血色感を出したり、
頬を染めたかわいらしい表情を表現することができます。ぬいぐるみが完成したら
メイクをほどこして、自分だけの「推しぬい」をもっとかわいくしてみましょう！

用意するもの

- フィギュア用塗料（パウダータイプ）
  or パウダーチーク（人用）
- アイシャドウ用メイクブラシ

パウダーチークや
メイクブラシは
100円ショップでも
購入できるよ！

やりかた

ほっぺ

アイシャドウ用のメイクブラシで、う
すくなぞるように塗料（チーク）を取り
ます。チークを入れたい場所に、ポン
ポンとのせるイメージで塗料をつけま
す。押し付けたり、筆で描くようにつ
けると、チークが濃くなったり範囲が
広くなったりしてしまうので気をつけ
ましょう。

つけすぎてしまったら、
ティッシュでやさしく
拭ってね

チークをつける場所

| 手の先 | 足の先 | おへそ | お尻 |

4

「ぬい服」を
つくってみよう！

4章では基本の「ぬい服」づくりにチャレンジ！
シンプルでかんたんだからすぐにつくれるよ。
「推しぬい」をつくったらかわいい「ぬい服」を着せて
一緒におでかけしてみよう！

ぬい服づくりで使う材料

ぬい服づくりは、推しぬいづくりとは別の材料も使います。ぬい服は推しぬい以上に材料の幅が広いので、ポイントを押さえながら、材料選びも楽しみながらやってみてね！

生地

「ぬい服」にはうすい生地や柔らかい生地がオススメ。生地を変えれば同じ型紙でも印象ががらっと変わります。

カットクロス

程よいうすさでしっかりしていて伸びないので、初心者にも扱いやすい生地です。

ちりめん

表面に凹凸があり、シワになりにくいです。和風の服をつくるのにオススメ。

レース

糸を組んだり編んだりしてつくられた生地。繊細なものも多いですが、一気に華やかでかわいらしい印象になります。

 ぴよぴっこ愛用

「ぬい服」づくりでは
ぬいぐるみのサイズに合わせて
生地を切って使うので、
大きな柄は見えなくなって
しまうことも……。
チェックや花柄でも、
小柄のものがオススメだよ

かんたんに「ぬい服」にアレンジできちゃう赤ちゃんサイズのくつした。この本でもアレンジ方法を解説しているので要チェック！（→90、94ページ）

その他の材料

生地以外にも、ぬい服づくりにはあると便利でかわいい材料がたくさん。その一部を紹介します。

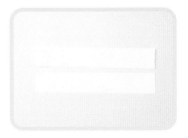

面ファスナー

面タイプのファスナー。のり付きの薄いタイプがオススメです。

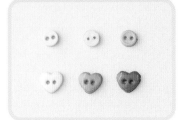

ボタン

小さな5mm幅のボタンはぬい服の装飾にも使えます。縫っても貼り付けてもかわいい♡

リボン

すそに貼り付けたり、結んで飾りにしてもかわいい！　気軽に手に入る材料のひとつです。

ほつれどめ

切った生地がほつれないようにしてくれる魔法の液体。生地の端に塗りつけて乾かして使います。

ほつれどめは100円ショップでも買うことができます。100円ショップのほつれどめは手芸店で売っているものと比べて液の粘度が低くさらさらしているのが特徴です。液の出し過ぎには注意が必要ですが、お試しや練習にはおすすめです！

ぴよぴっこ愛用

手芸店で買える速乾性のほつれ止め液がオススメです。

失敗あるある

ほつれどめで布がカピカピになっちゃった……！

ボトルから直接塗ると液がつきすぎて乾くと生地がカピカピに……。

爪楊枝などに少しずつ液をつけて、生地のフチに塗ると防ぐことができます。

Tシャツの
つくりかた

材料

- 薄手の生地（15cm×20cm）
- 手縫い糸
- 手芸のり
- 面ファスナー

型紙
111
ページ

---

1 生地を切って
パーツを用意する

生地に型紙を写して裁断ラインで切ります。ほつれないように、生地の端にほつれどめを塗っておきましょう。

今回は全部で
1パーツだよ

---

2 背中以外の縫いしろを
折って貼る

背中部分以外の縫いしろを縫製ラインで生地の裏側に折って、接着剤で貼ります。

Point

首まわりの曲線は縫いしろに小さく切れ込みを入れておくと、きれいに折り返すことができます。

③ 背中の縫いしろを折って貼る

背中部分の縫いしろを縫製ラインで生地の裏側に折って、接着剤で貼ります。

④ 肩部分で折る

肩部分を折り返します。服の角（同じマーク同士）をしっかり合わせてから折り目をつけましょう。

⑤ 脇を縫い合わせる

脇部分を、生地の端から端まで縫製ラインで縫い合わせます。

⑥ 脇に切れ込みを入れる

脇部分に、縫製ラインより外側の範囲内で切れ込みを入れます。

⑦ おもてに返して面ファスナーを貼る

おもてに返して、背中部分の合わせを確認します。背中部分が重なる位置に面ファスナーを貼り付けます。

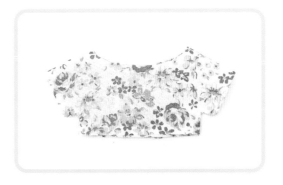

⑧ アイロンをかけてととのえる

アイロンをかけてシワを伸ばし、形をととのえたら完成です！

股下深めでしっかり履ける！

ボトムスの
つくりかた

材料

- 薄手の生地（15cm × 20cm）
- 手縫い糸
- 手芸のり

型紙
111
ページ

**① 生地を切って
パーツを用意する**

生地に型紙を写して裁断ラインで切ります。ほつれないように、生地の端にほつれどめを塗っておきましょう。

今回は全部で
2パーツだよ

**② すその中央に
切れ込みを入れる**

それぞれのパーツのすその中央の縫いしろ部分に切れ込みを入れます。縫製ラインを越えて切ってしまわないように気をつけましょう。

③ すそとウエストの
縫いしろを折って縫う

すそとウエストの縫いしろを縫製ラインで生地の
裏側に折って、なみ縫いで縫います。

Point 縫うとかわいさアップ！‥‥‥‥‥

接着剤で貼ってもOKですが、縫うとステッ
チが見えて「服っぽさ」が出せます。

④ パーツを重ねて両脇を縫う

❸でつくったパーツ2枚をそれぞれの生地のおも
て面が内側になるように重ねます。まち針やクリッ
プで固定して、両脇を縫製ラインで縫い合わせます。

⑤ 縫い目を中央にあわせて
折り目をつけ、股下を縫う

❹で縫い合わせた縫い目が中央にくるように合わせて
折り目をつけ股下を縫い合わせます。おもてに返して
アイロンでシワを伸ばし、形をととのえたら完成です！

くつしたと糸だけでつくれる！

くつしたトップスの つくりかた

材料
- ベビー用くつした（片足分）
- 手縫い糸
- ほつれどめ

型紙
111
ページ（袖のみ）

1 くつしたを切って
パーツを用意する

くつしたのロゴムのところから、つくりたい着丈
＋1cmのところで切ります（本書では、履き口から
6cmのところで切っています）。残ったくつしたに
袖の型紙を写して切ります。ほつれどめを塗ってお
くと◎。

今回は全部で
3パーツ！
身ごろ（胴体）は
くつしたの形を
そのまま
活用するから
型紙はなしだよ！

2 切り口を折り返して
千鳥掛けで縫う

くつしたを裏返して、すそをくつしたの裏側に折り
ます。追ったすそを千鳥掛けで縫いあわせます。

「千鳥掛け」に挑戦してみよう！

「千鳥掛け」は生地を折り返した際の
「折りしろ」を始末するときに使える縫いかたです。
少し手間がかかりますが、伸縮性があるニット生地の手縫いに適しています。

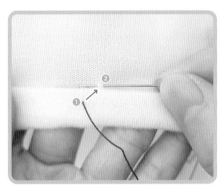

1 ❶から針を出し、ななめ上の❷に刺す

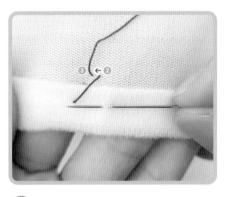

2 そのまますぐ横の❸から針を出す

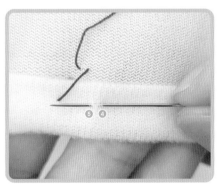

3 糸を交差させるようにして、❹に刺して❺から出す

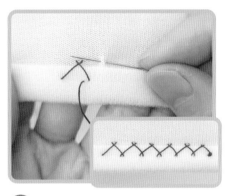

4 ❶〜❸を繰り返す

千鳥掛けは右利きの人は左側から右側に縫っていくよ

手間がかかるけど、その分きれいな仕上がりになるよ

 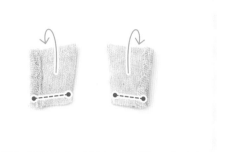

③ 袖を折り返して
千鳥掛けで縫う

袖の直線になっている側を裏側に折り、千鳥掛けで
端から端まで縫い合わせます。

④ 袖を半分に折って
端同士を縫いあわせる

❸でつくった袖を、おもて面を内側にして半分に折
り、端から端まで半返し縫いで縫います。

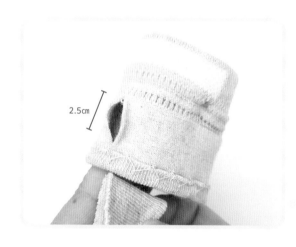

2.5cm

⑤ 胴体の両脇に
2.5cmの切れ込みをいれる

❷でつくった胴体の、くつしたの飾りの位置を確認
して、どこが正面になるのか、どこが脇の位置なの
かを確認します。両脇に2.5cmくらいの切れ込みを
入れます。

> **Point** 切れ込みを入れるときは ………………
>
> チャコペンで印をつけて、長さと高さが左
> 右で同じくらいになるように切るのがきれ
> いに仕上げるコツです。

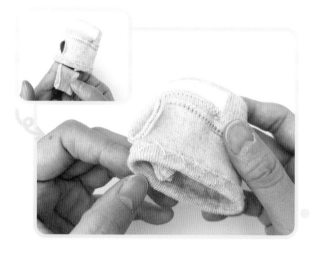

⑥ 胴体の切れ込みに袖をはめる

❹でつくった袖をおもてに返し、❺であけた胴体の
穴にはめ込みます。このとき、胴体は裏返した状態、
袖はおもてに返した状態になっています。袖は千鳥
掛けしていないほうを、胴体の切れ込みのフチに合
わせます。

> **Point** 袖の向きに注意！ ………………………
>
> ❹で縫った袖の縫い目が下にくるように調
> 整してね。

7 袖を1周縫い合わせる

縫う前に、袖の縫い目が下にくるように調整したら、切れ込みのフチと袖をぐるっと1周、半返し縫いで縫い合わせます。

8 おもてに返して形をととのえる

縫い終わったら、おもてに返して形をととのえて完成です！

ワンランクアップ

使うくつした次第でデザイン無限大！

くつしたトップスをつくるときは、履き口の形やデザインに注目してみましょう。取り入れたい飾りや模様が、くつしたトップスをつくるときの着丈に収まるかも確認しながら選んでみてください。もこもこ素材のくつしたもオススメです！

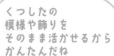
くつしたの
模様や飾りを
そのまま活かせるから
かんたんだね

のびる素材だから履かせやすい！

くつしたボトムスの
つくりかた

材料
- ベビー用くつした（片足分）
- 手縫い糸
- ほつれどめ

型紙
不要

---

① くつしたを切って
パーツを用意する

くつしたのくちゴムのところから、つくりたい着丈
＋1cmのところで切ります（本書では、履き口から
6cmのところで切っています）。くつしたの下の部
分は今回は使用しません。

今回は全部で
1パーツ！
くつしたの形を
そのまま活用
するから
型紙はなしだよ！

失敗あるある

思ったより丈が短くなっちゃった……。

ぬいぐるみは厚みがあるので、
厚みの分、布が取られて想定
していたよりも丈が短くなる
ことがあります。くつしたを
切る前に、ぬいぐるみに当て
たり、実際にはかせたりして
から切ることで失敗を防ぐこ
とができます。

試して
みることが
大切だね！

② 股下に切れ込みを入れる

くつしたの切り口から2.5cmのところまで、中央に切れ込みを入れます。切り口のところに、ほつれどめを塗っておきます。

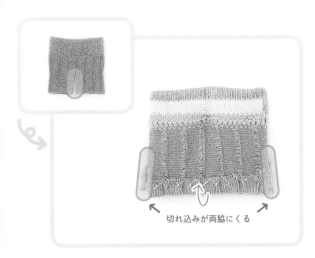

切れ込みが両脇にくる

③ すそを折り返して 千鳥かけで縫い合わせる

くつしたを裏返して、切れ込みの部分が両脇にくるようにします。その状態で、すそを1cm折り返して千鳥掛けをします。反対側も同じようにすそを折り返して千鳥がけします。

④ 切れ込み部分をあわせて 股下を縫い合わせる

切れ込み部分をもう一度中央の位置に戻し、股下を半返し縫いで縫い合わせます。裏返したら、完成です！

100円ショップ
ぬい服コーデ集♥

100円ショップで売っている「ぬい服」
を着せれば、いろいろなコーデが手軽
に楽しめちゃいます！　ここでは100
円ショップコーデをご紹介します♪

お花見や
ピクニックに♪

カジュアルなサロペット
とおしゃれな花柄シャツ
で春先コーデ完成！

着用アイテム
● サロペット

※Tシャツは本書掲載の「Tシャ
ツ」(→86ページ)使用

推しぬいの日常感を演出

だぼっとしたパーカーを着こなして、
ラフな普段着スタイル。

着用アイテム
● パーカー

※ボトムスは
本書掲載の
「ボトムス」
(→88ページ)
使用

大人っぽいカジュアルコーデで
街へお出かけ！

襟付きシャツとの組み合わせで、Tシャツと
はちがった印象のコーデに！

着用アイテム
● ストライプシャツ
● サロペット
● アニマルリュック
　デニム

風のつよい日でも寒くない！
コートでかっこよく寒さ対策

モッズコートであたたかファッション。
すそのファーがポイント♡

着用アイテム
● Tシャツ
● モッズコート

※ボトムスは本書掲載の
「くつしたボトムス」
(→94ページ)使用

雨の日もかわいくお出かけ♪

カエルポンチョとレイ
ンブーツを着れば雨の
日だってばっちり！

着用アイテム
● カエルポンチョ
● レインブーツ

※ボトムスは本書掲載の
「ボトムス」(→88ペー
ジ)使用

大人かっこいい モノトーンコーデ

黒いレザー風のズボン
とネクタイでビシッと
決めよう!

着用アイテム
- ストライプシャツ
- レザー風ズボン
- ネクタイ

読書の秋は 文学少女コーデで❤

シャツと秋らしい色のニッ
トでおしとやかコーデので
きあがり!

着用アイテム
- シャツ
- ニットベスト

※ボトムスは本書掲載の「くつした
ボトムス」(➡94ページ)使用

シックなコーデで オシャレディナーの お供に♪

ふわっとしたヴェー
ルがはなやかな、ド
レッシーなコーデ!

着用アイテム
- ストライプズボン
- ヴェール付きリボン

※Tシャツは本書掲載の「Tシャツ」
　(➡86ページ)使用

涼しい浴衣で 推しぬいと 夏を満喫♪

シンプルな浴衣スタ
イルで風流な夏
のひとときを過ご
しちゃおう!

着用アイテム
- 浴衣 S

体操服で 体育祭スタイル!

色ちがいの体操服を着こなし
て、体育の授業を楽しんで♪

着用アイテム
- ぬい用ジャージトップス S
- ぬい用ジャージパンツ
- ぬい用体操服

お部屋でまったり お風呂上がりスタイル

ふわふわのバスローブに身を包んで、
至高のリラックスタイム♪

着用アイテム
- バスローブ
- ヘアバンド

100円ショップで買える!
オススメ「ぬい活」アイテム

ぬいぐるみスタンド

ぬいぐるみを自立さることができるスタンドは「ぬい撮り」のマストアイテム! 羽がついていて立たせるだけで天使や悪魔になれるかわいいものや、持ち運びに便利なシンプルでコンパクトなタイプなどがあるよ。

ぬいぐるみ用バッグ

ぬいぐるみに背負わせるリュックやトランクケース。かわいいだけではなく、トランクにはなくしやすいぬいぐるみ用の靴を収納したり、リュックの中にAirTagを入れて大切なぬいぐるみの迷子防止ができたりとオススメ!

ぬいぐるみ用小物

ぬいぐるみ用のミニチュアアイテム! 小さくなっても高クオリティで、傘やパソコン、ケーキにドーナツ、机やテレビなど、バリエーションもたくさんあって、いろいろなシチュエーションを再現することができるよ。

型紙

本書に掲載しているぬいぐるみがつくれる、
描き下ろし型紙です。オリジナルの髪型や
お顔刺繍の図案がつくれるテンプレートも収録！
自分だけの推しぬいをつくってみてね。
型紙は二次元コード（サイト）から
ダウンロードもできるよ！

二次元コードが読み取れない場合は、
こちらのURLからアクセスしてください。

https://www.mates-publishing.co.jp/yasashii-oshinui/

46〜47ページ 前髪テンプレート

44ページ お顔刺繍テンプレート

Attention

青い点はウィッグ
（➡51ページ）をつ
くるときの目印だよ

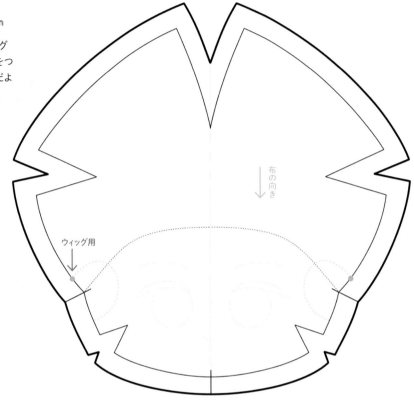

布の向き

ウィッグ用

49ページ 襟足テンプレート

布の向き

縫製ライン ——————
裁断ライン ━━━━━━

13cmサイズの場合は実寸でコピー
10cmサイズの場合は80%に縮小してコピー

コピー時、本をこの線まで押さえる

50~51ページ ｜ うしろ髪テンプレート

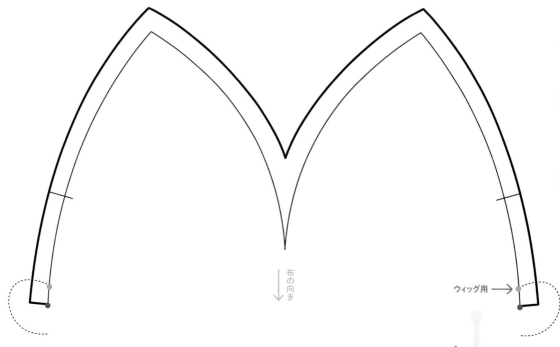

↓ 布の向き

ウィッグ用 →

Attention

青い点はウィッグ（→51ページ）
をつくるときの目印だよ

48~49ページ ｜ はさみこみ髪テンプレート

↑ 布の向き

↖ 布の向き

↗ 布の向き

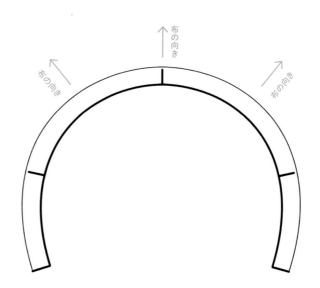

縫製ライン ————
裁断ライン ━━━━

13cmサイズの場合は実寸でコピー
10cmサイズの場合は80％に縮小してコピー

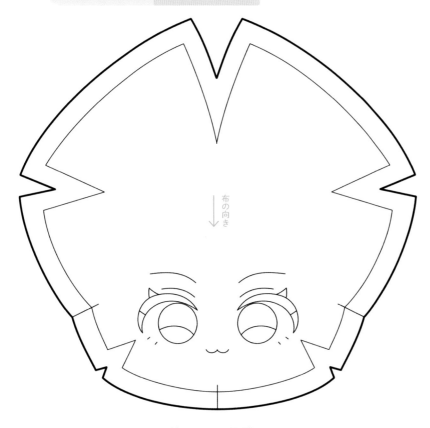

55~63ページ ｜ 刺繍図案A

布の向き ↓

55~63ページ ｜ 刺繍図案B

Attention

ロングアンドショートステッチで刺繍するときはガイド線も写してね

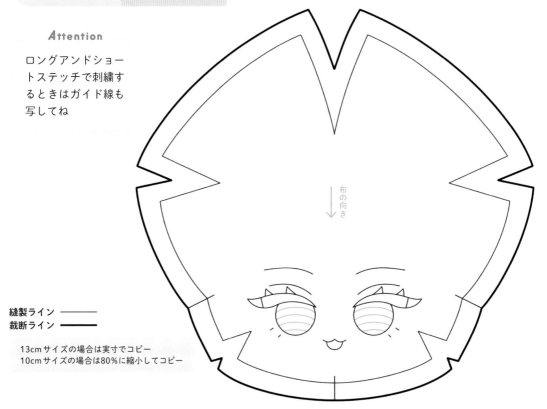

布の向き ↓

縫製ライン ————
裁断ライン ━━━━

13cmサイズの場合は実寸でコピー
10cmサイズの場合は80％に縮小してコピー

コピー時、本をこの線まで押さえる

55～63ページ ｜ **刺繍図案C**

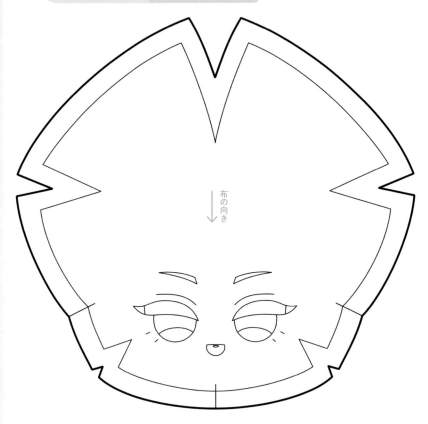

布の向き
↓

55～63ページ ｜ **刺繍図案D**

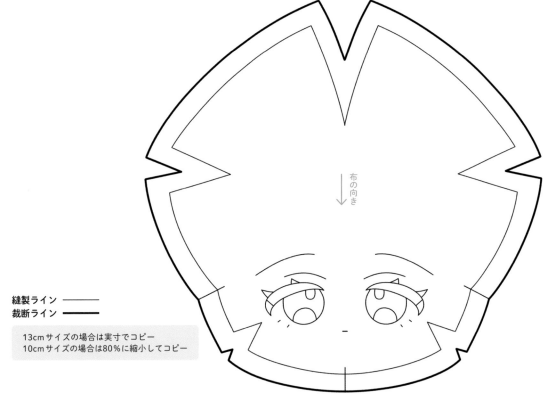

布の向き
↓

縫製ライン ―――
裁断ライン ▬▬▬

13cmサイズの場合は実寸でコピー
10cmサイズの場合は80％に縮小してコピー

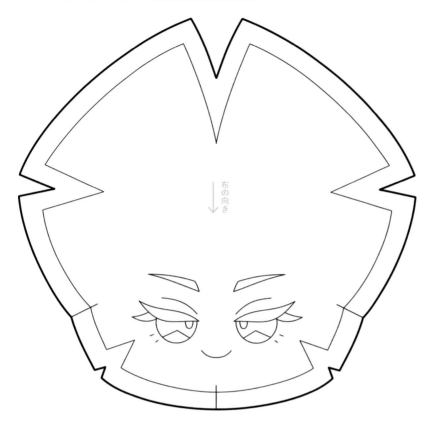

布の向き ↓

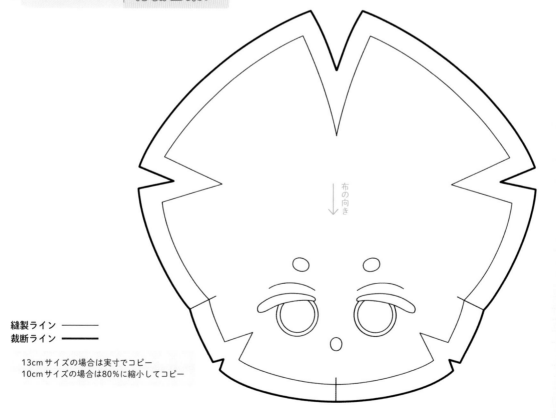

布の向き ↓

縫製ライン ───
裁断ライン ━━━

13cmサイズの場合は実寸でコピー
10cmサイズの場合は80％に縮小してコピー

コピー時、本をこの線まで押さえる

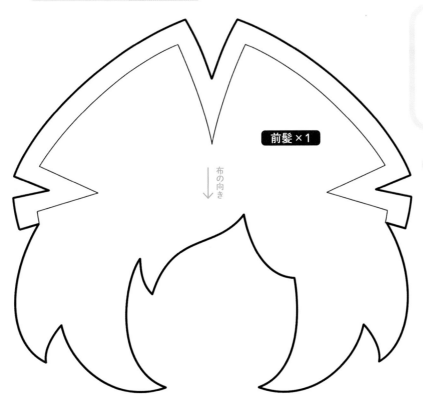

46~47ページ｜前髪A

Attention

貼り付けパーツと触角パーツに決まった型紙はないよ。自分の推しぬいに合わせてつくってみてね

前髪×1

布の向き

46~47ページ｜前髪B

Attention

後付けパーツに決まった型紙はないよ。自分の推しぬいに合わせてつくってみてね

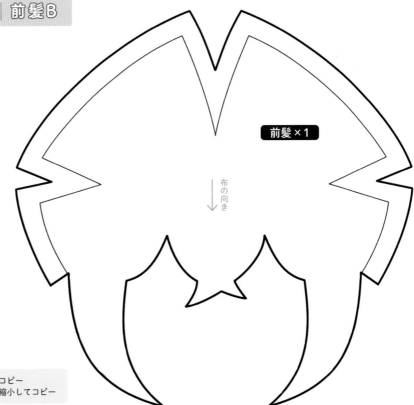

前髪×1

布の向き

縫製ライン ———
裁断ライン ━━━

13cmサイズの場合は実寸でコピー
10cmサイズの場合は80％に縮小してコピー

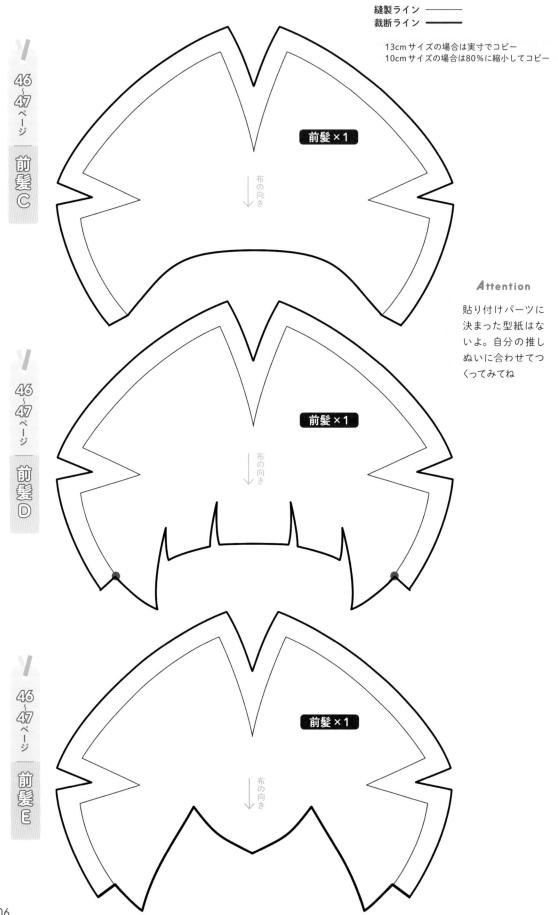

前髪×1

布の向き ↓

Attention

貼り付けパーツに
決まった型紙はな
いよ。自分の推し
ぬいに合わせてつ
くってみてね

前髪×1

布の向き ↓

前髪×1

布の向き ↓

46〜47ページ 前髪C

46〜47ページ 前髪D

46〜47ページ 前髪E

コピー時、本をこの線まで押さえる

46~47ページ　前髪F

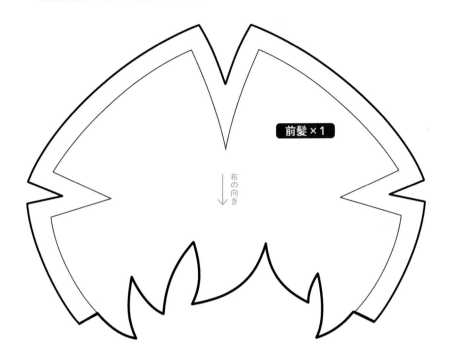

前髪×1

布の向き

46~47ページ　前髪（オールバック）

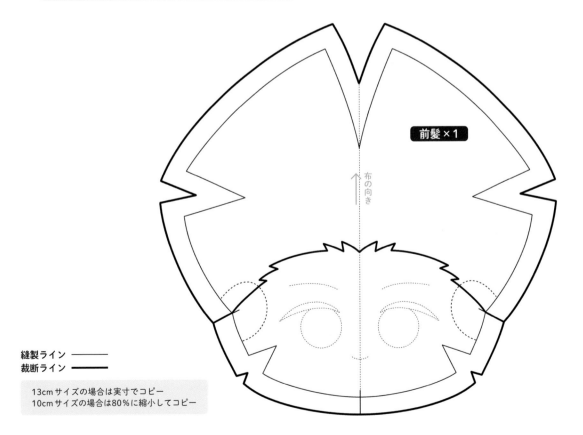

前髪×1

布の向き

縫製ライン　————
裁断ライン　━━━━

13cmサイズの場合は実寸でコピー
10cmサイズの場合は80％に縮小してコピー

はさみこみパーツ× 各1

布の向き

襟足パーツ× 各1

64〜65ページ　うしろ髪A

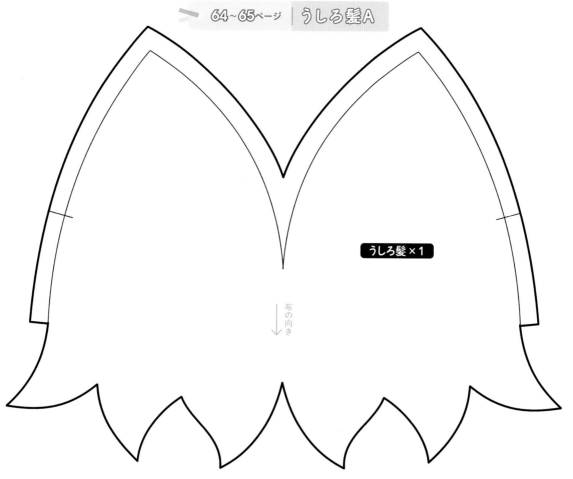

うしろ髪×1

布の向き

縫製ライン ―――
裁断ライン ▬▬▬

13cmサイズの場合は実寸でコピー
10cmサイズの場合は80％に縮小してコピー

コピー時、本をこの線まで押さえる

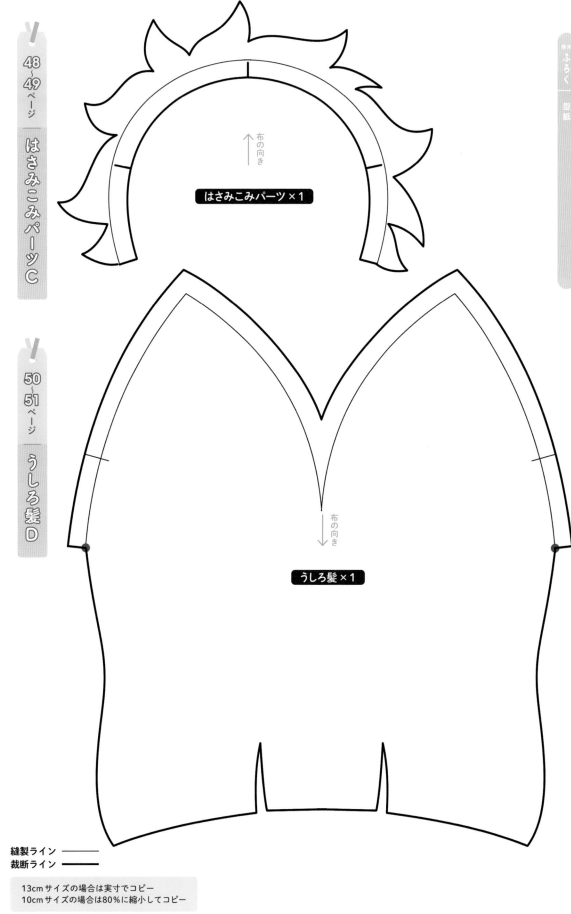

48〜49ページ　はさみこみパーツC

はさみこみパーツ×1

布の向き

50〜51ページ　うしろ髪D

布の向き

うしろ髪×1

縫製ライン ————
裁断ライン ━━━━

13cmサイズの場合は実寸でコピー
10cmサイズの場合は80％に縮小してコピー

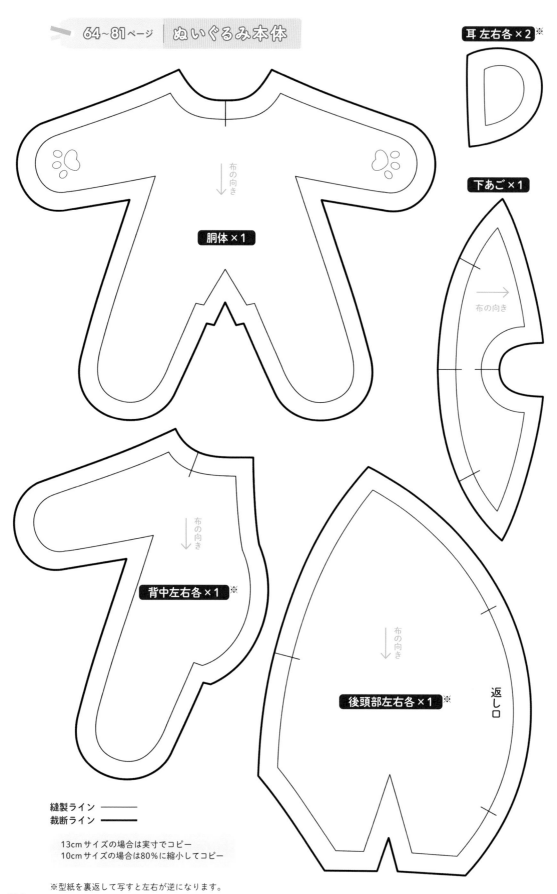

耳 左右各×2※

下あご×1

布の向き

胴体×1

背中左右各×1※

後頭部左右各×1※

返し口

縫製ライン ——
裁断ライン ━━

13cmサイズの場合は実寸でコピー
10cmサイズの場合は80％に縮小してコピー

※型紙を裏返して写すと左右が逆になります。

コピー時、本をこの線まで押さえる

88～89ページ　ボトムス

ボトムス左右各×1※

縫製ライン ———
裁断ライン ━━━

13cmサイズの場合は
実寸でコピー
10cmサイズの場合は
80％に縮小してコピー

※型紙を裏返して写すと
　左右が逆になります。

90～93ページ　くつしたトップス（袖）

袖 左右各×1※

86～87ページ　Tシャツ

Tシャツ×1

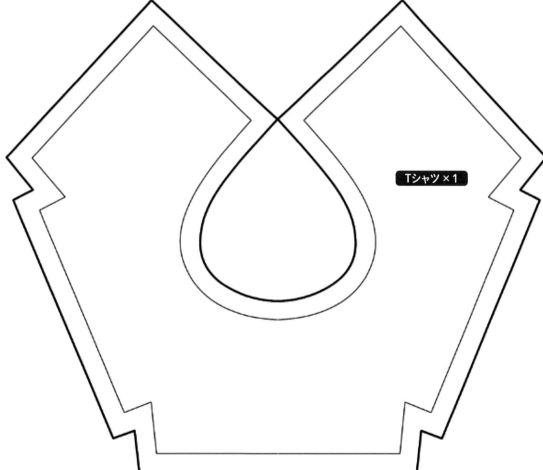

111

撮影	奥村暢欣
	渡辺有祐
デザイン	関根千晴
	鄭ジェイン
	石堂真菜実
編集	加藤みのり

ぶきっちょさんも完成できる！

いちばんやさしい「推しぬい」つくりかたBOOK
基本から失敗フォローまでわかる

2024年6月10日　第1版・第1刷発行
2024年7月10日　第1版・第2刷発行

監 修	ぴよぴっこ
発行者	株式会社メイツユニバーサルコンテンツ
	代表者　大羽 孝志
	〒102-0093東京都千代田区平河町一丁目1-8
印刷	シナノ印刷株式会社

ご意見・ご感想はホームページから承っております。
ウェブサイト　https://www.mates-publishing.co.jp/

企画担当：小此木千恵

本書掲載の※図案は、個人で楽しんでいただくことを
目的としています。そのため、インターネットを含む
あらゆる媒体で図案を無断転載することを禁じます。
また、本書の図案をもとに、営利目的としてぬいぐる
みを制作、販売することを著作権法律上禁じます。本
書の図案を使用あるいは一部変更し、型紙や手芸キッ
トとして販売することや、営利目的でのワークショッ
プ、教室の開催も禁止します。
※型紙の複製販売、型紙や衣装デザインやお顔刺繍を
使用したぬいぐるみの工業的量産などが該当します。
※「図案」とは、本書における型紙、表情や衣装デザイ
ンすべてが該当します。

本書をもとに制作したぬいぐるみを、個人のSNSや
ホームページで公開することは可能です。
またオリジナルキャラクターに限り、バザーやフリマ
アプリなど営利目的ではない個人での販売は許可とし
ます。
ただし販売の際には、本書の図案を使用したことと、
書名および監修者名を明記してください。
【例：このぬいぐるみは『いちばんやさしい「推しぬい」
つくりかたBOOK』ぴよぴっこ監修　を参考にしてい
ます】
【例：このぬいぐるみは『いちばんやさしい「推しぬい」
つくりかたBOOK』ぴよぴっこ監修　の型紙を使用し
ています】

公開や販売においては、暴力的、性的など公序良俗に
反するアレンジを加えることはおやめください。

ダウンロードサイトにおきまして、サーバーのメンテ
ナンス等によって、アクセスできない場合がございま
すのでご了承ください。二次元コードの読み取り方、
プリンターの操作方法や設定に関するお問い合わせは
致しかねます。